元刑事が教える

ここが違うよ！刑事ドラマ

元・警察署副署長
橘 哲雄

彩図社

はじめに

テレビ、映画のドラマが好きです。特に警察もの、刑事ものについては前職でもあったことからいつも興味深く視聴しています。

しかしそういったドラマの中には、ドラマ制作の都合上とは思いますが、どうも引っ掛かるシーンや、実際のものと異なる気になる間違いをいくつか見つけてしまいます。

まず1つ有名な例を挙げると、実際の取調室でカツ丼は出されません。これについてはご存じの方が多いでしょうし、最近ではドラマでもあまり見かけなくなりました。

また、けん銃を使ったアクションにも誤りが多いです。例えば、走行中のタイヤを撃ってもパンクさせることはできませんし、銃弾を自動車のドアで防ぐのも、遮蔽しないよりはマシでしょうが、銃弾の威力はそれで防げる程度のものではありません。

こういったアクションシーンは、やはりドラマである以上、派手さやかっこよさを演出するうえで必須なのでしょう。しかし、実際の警察はそういった派手な捜査だけではなく、犯罪の助長抑止など、人の目に触れにくい業務にも取り組んでいるのです。

本書では、35年間勤めた元警察官の視点から、刑事ドラマに描かれる警察と現実の警察の違いを、「制服・装備品・警察施設」「捜査」「鑑識」「逮捕」「取調室・留置場」「その他」に分類してまとめました。

ドラマでは定番のあのシーンから、今までなんとも思わなかった、ドラマ内のささいな描写にまで、思わず目を向けてしまうような内容をご紹介します。

なお、刑事メモなどの中に一部、規則の改正等により現在では許可されない内容もあることをご了承ください。

元・警察署副署長　橘哲雄

元刑事が教える

ここが違うよ！　刑事ドラマ

目次

第2章　ここが違うよ！　捜査の方法

第3章 ここが違うよ！ 鑑識のルール

第4章　ここが違うよ！　逮捕の現場

第5章　ここが違うよ！　取調室・留置場

第6章　ここが違うよ！　その他のシーン

第1章

ここが違うよ！
制服・装備品・警察施設

制服ワッペン

ドラマで着用している警察官制服の左腕のワッペン・エンブレムに、「警察」という文字が見えました。

おそらく、制服をいろいろな警察ドラマの現場で使い回しているためと推察されますが、本物の制服ワッペンは、県名と県の特徴を表したデザインの組み合わせなどからできており、各警察の特徴あるものになっています。

例えば、警察庁は「日の丸」、秋田県警は秋田の「ア」、宮城県警は県花の「ミヤギノハギ」、警視庁は「イチョウ」、群馬県警は「群の字と上毛三山」、大阪府警は「ＯＰＰの文字」、愛媛県警は「みかん」という具合です。各県警の制服を比べて見ると面白いかもしれません。ですから見る人が見れば、ドラマで警察官が着用していた制服は偽物で、ドラマ用のものだということがすぐにわかります。

ちなみに、警察官制服は、着用の時期が決まっていて、季節によって衣替えをします。「警察本部長が必要あると認める場合、着用期間を変更できる」という規定はありますが、

原則は、

・夏制服……6月1日から9月30日まで
・冬制服……12月1日から翌年3月31日まで
・合制服……4月1日から5月31日までと10月1日から11月30日まで

となっていますので、季節と制服の違いにも注意して見ていただきたいです。

群馬県警ワッペン。「群」の偏とつくりが縦に並んでいる。(画像引用：群馬県警ホームページ)

宮城県警ワッペン。ミヤギノハギを図案化し、宮城の「み」を表している。(画像引用：宮城県警ホームページ)

階級章

ドラマの中で制服警察官の姿を見れば、すぐに階級章に目がいきます。その中で、署長の階級章（識別章）の番号が「００２」とか副署長の番号が「００７」というのがありました。

階級章に付けられている文字や数字は個人識別を、アルファベットの二文字は、所属を、三ケタの番号はその所属での警察官固有番号を表しています。いいかげんな記号や番号ではありません。一部の道県警を除き、署長なら所属を示したアルファベットの次に「００１」、副署長なら「００２」という具合に、以下の警察官にも順次番号が付きます。ですから階級章に表示されるアルファベット記号と番号を見れば、所属での地位順番がおおむねわかります。

ということで、副署長の番号が「００７」というのは、どうも馴染みません。所属を異動する時はこの記号番号の部分板だけをはずして所属に返して、異動先で新しい記号番号の板を受け取りはめ込んで、新しい文字番号をつけることになります。

刑事の服装

警察署内で捜査員が背広姿でいるシーンですが、署内で捜査員が全員背広姿というのはどうも違和感があります。

捜査員は、係や仕事内容によって制服や背広であったり、作業着であったりします。女性刑事にしても同じです。ドラマでは、どうもブランドものが多くて華美のように思います。本当は給与の都合から言っても、もっと質素です。私も出勤時は背広、執務時は作業服に運動靴という格好でした。

また、機動捜査隊でも捜査員は、昼間と夜間とでは服装を変えるなどの工夫をしています。ですから夜間の殺人現場での捜査員全員が背広というのも、どうも無理があります。最初に現場に到着するのはパトカーや交番勤の制服勤務員と機動捜査隊、警察署当直の捜査員ですので、捜査員は全員が背広姿ではないはずです。テレビの「警察24時」などで見られる捜査員の服装が本物です。

付け加えて言うと、サングラスは着用しません。どうしても必要なら届出をして許可を取る必要があります。

刑事メモ

私も機動捜査隊での勤務時は、着装したけん銃が外から見えないように、また手錠や筆記用具、腕章、白手袋など携行品も多いので行動の邪魔にならないように、ポケットのたくさん付いた作業ジャンパーやチョッキなどを着るようにしていました。

今考えると、きちんとした背広姿は定例召集日と会議に出席する時だけだったような気がします。

けん銃

○刑事の持つけん銃

刑事の所持するけん銃はいろいろありますが、ドラマのように多くはありません。警察官の所持するけん銃は、ニューナンブM60、S&W社のM37エアーウェイト、S&W社M360J SAKURAが主なものです。

その他に、昔米軍が使用していたコルト45、警護や特殊犯捜査員らが使用するSIG SAUER P230JP、S&W社 M3913もありますが限られています。見たことがないけん銃がドラマに出てきますとビックリします。

○けん銃の撃ち方

けん銃使用の銃撃戦。けん銃使用規則があるので、そう簡単にけん銃は抜きませんしバンバンと何発も続けて撃ちあうこともありません。ベレッタ銃も使用していないはずです。

また、けん銃を構えた時に撃鉄を起こしていませんが、ダブルアクションで撃つのでしょうか。普通けん銃を撃とうとする時は撃鉄を起こしシングルアクションにして、しかも用心がねの中に指を入れ引き金に指を掛けて構えるはずです。撃鉄を起こしていないのでは、撃つ気がないとしか思えません。

○自動車のドアで銃弾を防ぐ

自動車のドアを遮蔽してけん銃弾を防いでいる場面がありました。遮蔽しないよりはマシだと思いますが、けん銃の威力を知らない行動です。ドアだと簡単に弾は貫通します。また、自動車タイヤをけん銃で撃ちパンクさせるシーンがありますが、タイヤにはスチールが入っていますし、高速回転しているのでパンクさせるのは困難です。逆に跳弾により第三者に当たる危険性があります。

○けん銃の扱い

刑事がけん銃庫でけん銃を受け取りホルスター（サック）に収める場面がありました。けん銃をホルスターに収める時は、銃を出した姿勢から必ず銃に注目して収めます。ホルスターを見ながら収めることはありません。けん銃操法で決まっています。

刑事メモ

けん銃は、1丁約600～700グラムあります。さほど重くないように感じるでしょうが、これが結構重いのです。制服の場合は右腰のホルスターに、私服の場合は主として左脇のショルダーホルスターに入れていますが、長時間所持しているとキツイです。

実際、異動で日頃けん銃を持たない部署から勤務時は常にけん銃を持つ部署に変わった時、慣れるまでは肩や腰に筋肉痛が出たものです。

警察学校での射撃訓練の様子（画像引用：長野県警採用ホームページ）

警察手帳

聞き込み先で背広の内ポケットから警察手帳を提示する場面がよくあります。警察手帳を提示するのは良いのですが、手帳に紐がついていませんでした。手帳には必ず紐がついており、紛失しないように衣服に結束されるか、首に下げるかしなければなりません。ですから女性捜査員もカバンから紐のついていない警察手帳を取り出すことはあり得ません。身分証明になる警察手帳を失くすと大変です。

警察手帳規則には、「警察手帳は貸与である」とあり、懲戒処分指針には、「過失により警察手帳を紛失する」と戒告処分になると記載されています。

刑事メモ

警察手帳規則に、「職務の執行に当たり、警察官、皇宮護衛官又は交通巡視員であることを示す必要があるときは、証票及び記章を呈示しなければならない」とあります。

職務質問時に、「警察手帳を見せろ」と言って抵抗されることがありますが、そういう場合、私は手帳を確実に見せながら冗談半分、本気半分で「手帳を見た以上は、これで私が警察官と認識しましたので抵抗すると公務執行妨害です。警察官だとは知らなかったとは言えませんよ」と言いながら質問、職務執行をしていました。

現行の警察手帳（内側）。縦開きになっている。（画像引用：岡山県警ホームページ）

警察署

よく出てくる警察署の全景シーン。警察の旭日章マークや看板が出ていることで警察署とわかります。でもそれだけでは何かが違う、何か足りない物がある、何だろうと少し考えて気が付きました。国旗（日の丸）です。

警察署入口には、必ず国旗が掲げてあるのです。国旗は、どこの警察署にもあり、場所によっては国旗の他に、県旗や所属旗を掲げている所もあります。これがなければ、警察署とは言いにくいと思います。平日に限らず、土、日曜日、祝日にも掲げています。

警察の建物というと、警察署や交番などが思い浮かぶでしょうが、その他にも警備公安や刑事、生活安全部門の内偵を行う所属では、大抵、分室や別室を持っています。

私が捜査二課や捜査三課に勤務していた時も、本部ではなく住宅街や駅前にある事務所みたいな分室や別室に出勤し、そこを拠点にして内偵捜査に出ていました。本部には定例召集など特別な時にしか出向かず、普段は分室での代表者が書類の受領連絡などに行くくらいでした。

もっとも、この分室や別室だけは、警察施設であることがわからないように表札や警察のマークも、国旗掲揚もありませんでした。

刑事メモ

ある朝、少し早めに出勤して玄関前まで来たところで、いつもだとすでに掲げられているはずの国旗と県旗がまだ掲揚されていないことに気付きました。しかも玄関前の夜間照明用ライトも点灯したままで消灯されていません。

これは通常ならばありえないことです。おかしい、これは何か事件でもあったのではないかと推察し気を引き締めて署内に入ると、当直員やパトカー勤務員が書類作成や報告連絡などで忙しく動き回っていました。当直長に尋ねると、覚せい剤被疑者2名を確保し当直員全員で令状請求の準備中とのこと。案の定、署内異状ありでした。

国旗が掲げられた警察署玄関（画像引用：宮城県古川警察署ホームページ）

刑事部屋

壁に色々なポスターが貼られ、刑事の机の上には書類が乱雑に積み重ねられている場面がありました。刑事課の事務所内はいたってシンプルです。あまりポスターは貼りませんし、捜査員の机は、誰が使うかわかりませんので何も置かないのが原則。

特に夜間は、機動捜査隊、自動車警ら隊、交番勤務員らが事件の捜査書類を作ったりするのにも使います。

ですから必然的に捜査員は誰に座られても良いように机の上には何も置かず、引出しは夜間必ず施錠をしています。上司、先輩からも整理整頓は厳しく指導されています。

刑事メモ

机の上の透明マットが曲者です。新人や慣れない刑事はとにかくメモなどを挟みたがりますが、外部の者などに見られてしまうおそれがあります。特に当直勤務表や非常召集系統表などは、出入りする記者さん達に見られると大変なことになります。捜査員の自宅電話番号を最新のカーナビに入力されると自宅の場所がおおむね分かってしまい、記者による夜討ちの資料にされてしまうことだってあるのです。

捜査用車両

○捜査用車両がレンタカー

赤色灯を付けた捜査用車両の中に平仮名「わ」ナンバーの自動車がありました。「わ」ナンバーは、レンタカーに付くものです。確かに捜査用にレンタカーを借り上げて使用することもありますが、赤色灯を積載する覆面での緊急自動車にレンタカーを使用するのはさすがにありません。

緊急自動車は公安委員会の指定が必要で、簡単には指定されないからです。参考までに自動車登録ナンバーの平仮名「わ」と「れ」はレンタカーです。

○チャイルドロック

捜査員が運転手側の後部席ドアを内側から開けて降車していました。捜査用車両の運転席後部（後部席右側）ドアには、チャイルドロックがされており内側からは開けられません。運転手などに外側からドアを開けてもらうのが普通です。

被疑者を逮捕して車両で警察署などに搬送する時、被疑者を後部席中央に乗せ捜査員が両脇を挟みますが、捜査員が少ない時などは運転席後部に被疑者を乗せて押し付けるように捜査員が助手席後部に乗車します。

内側からドアを開けて逃げられないようにするためにもチャイルドロックがされているのです。

○警察公用車を運転するには

警察公用車（パトカーなど）を、自動車運転免許証だけで運転をすることはできません。大半の県警察では独自の運転技能検定というのがあり、公用車を運転するためには、この検定が必須です。

例えばパトカーを運転するには、普通自動車の検定取得が必要です。この普通自動車の検定には1～3級まであり、1級を取得すると特に運転条件はありませんが、2級ですと取扱責任車両または指定された車両以外は、特別の理由がある場合のほかは運転しないこととなっており、検定3級ですと2級の条件に、緊急自動車として運転しないことの条件が加わります。

つまり、パトカーで緊急走行するには最低でも2級以上の検定を取得していなければなりません。

大型車、自動二輪（白バイなど）も同じように検定が必要です。そのために専科入校などで教養訓練を受け検定資格を取得してから運転しています。

○パトカーの交通違反

よく「パトカーが交通違反をしても違反切符を切られないのでは？」というご意見をいただきますが、そのようなことはありません。れっきとした違反をした場合、その警察官は交通違反として切符を切られています。

ただ誤解されている方もいるようで、例えば「駐車違反の取締りでパトカーを道路に停めている。違反ではないか」と言った方がいましたが、そうではないのです。

道路交通規則の中に「犯罪の取締り、交通指導取締り、その他の警察活動のため使用中の警察車両については、道路標識等による駐（停）車禁止規制場所の規制対象車両から除く」という条文がありますので違反に該当しませんし、刑法第35条の「正当行為」に該当する場合もありますので、何でもかんでも違反になるわけではありません。

刑事メモ

パトカーを含め捜査用車両にはカーナビが付いていますが、私が勤務していたところ、地理や番地は機動捜査隊員の頭の中に叩き込まれていたので、あまり使用したことはありませんでした。

助手席の相勤者がカーナビに目的地を入力し終えた頃には、現場に到着していたという話もありました。

無線機

誘拐身代金の手渡し現場や張込み現場で捜査員が、黒いコードや白色のカールコードのイヤホンを耳にして指令を聞いたり報告連絡をしたりするシーン。

警護のSPのように目立つことも必要ならば別ですが、誘拐事件などの特殊犯捜査や現場張込み用捜査など、秘匿を求められる捜査の無線機に使われるコードは、今では外から見えないようになっています。

無線機自体の詳細は省きますが、耳にコードのない補聴器に似た受話器をつけ、手のひらにスイッチを1つ持つだけです。外見からは無線機使用の判別はわかりにくく、周囲から見ても独り言を言っているように見られるくらいです。

無線について付け加えると、警察無線には、車載通信系、携帯通信系、署括系、WIDE通信、ヘリテレ連絡無線などがあり、暗号化された信号をデジタル変調して送受信しているので第三者が傍受するのは困難なようになっています。

無線機だけでなく捜査用の機器は工夫され常に進歩しています。

刑事メモ

無線機を使うために、警察官は警察学校在校中に特殊無線技士の資格を取得します。無免許で安易に無線機を使用しているのではありません。

スピード違反取締機器の操作者もレーダー無線の資格を持っており、それを利用して取締りをしています。

第2章

ここが違うよ！
捜査の方法

被害届と告訴

捜査の端緒は、110番入電や、被害届、告訴・告発などにあります。

ドラマのセリフの中では、被害届と告訴の意味が曖昧なことが多々あります。被害届と告訴は別物で、被害届は警察官なら誰でも受理できますが、告訴は自首と同じで司法警察員が受理するものです（自首→117ページ参照）。

司法警察員というのは巡査部長以上の階級、もしくは指定された一部の巡査に限られています。《刑事訴訟法第189条》

したがって普通の巡査刑事が相談を受けることはあっても、告訴状受理をすることはありません。もし巡査が告訴事件の届けを受けた場合には、ただちに司法警察員に引き継いで巡査部長以上の者が受理をします。

刑事メモ

司法巡査（巡査・巡査長）と司法警察員（巡査部長以上）は、以下の権限においてできることに差があります。

・通常逮捕状の請求
・逮捕した被疑者の受け取り
・被疑者逮捕時の犯罪事実の要旨、弁護人選任の告知、弁解録取、釈放、送致の決定
・証拠品の還付
・代行検視
・告訴、告発、自首の受理

などです。

告訴と告発

「被害者は、元勤務先の信用金庫から業務上横領で告発されています」と、被害者の身辺捜査をした刑事が上司に報告していました。

告発は、犯人及び告訴権者以外の者が、捜査機関に犯罪事実を申告し犯人の処罰を求める意思表示です。

告訴は、犯罪の被害者や法定代理人その他の告訴権者が捜査機関に犯罪事実を申告し犯人の処罰を求める意思表示です。

ですからこの場合は、「元勤務先の信用金庫から業務上横領で告訴されています」または「業務上横領の告訴相談を受けていました」と言った方がリアルだと思います。

刑事メモ

警察の備品が壊された場合、刑法の器物損壊にあたり、器物損壊は親告罪なので告訴事件となります。しかし、警察の備品には国有備品と県有備品とがあり、その壊した品物によって告訴権者、つまり告訴する者が変わるのです。

例えばパトカーや無線機を壊されたら、これらは国有備品ですので警察本部長（警視庁ですと警視総監）が告訴しますし、交番の窓ガラスを割られた場合、これは県有備品ですので県知事（警視庁ですと都知事）が告訴することになります。

国有備品と県有備品を一緒に壊された場合には、両方から告訴状をもらう手続きをとらなければなりません。

なお、この告訴状は起訴されるまでに作ればいいので慌てることはありません。

告訴状

弁護士が告訴状を警察に提出する場合、告訴状と一緒に告訴人からの委任状も出さなければなりません。

しかも疎明資料もありますから告訴状と書いてあるＡ４版用紙１枚だけを弁護士が警察に提出するということは考えられません。

また、弁護士用控えも必要でしょうから、現在では手書きの告訴状ではなくワープロやパソコンで印刷化された告訴状でなければ少しおかしいと思います。

刑事メモ

署の刑事二課長をしていた時、新人らしい弁護士が告訴人と連れ立って来署しました。するとその弁護士が、少し離れた場所で依頼人に聞こえない様に「告訴状はこれで良いですか？　足りないところはないですか？」と聞いてきたことがありました。

話によると民事専門の弁護士で刑事事件の担当は初めてとのこと。

あまりにも低姿勢で丁寧に聞いてきたので、こちらも告訴状の下書きから添付疎明資料についても詳しく説明し、それらを充足した上で受理をして捜査しました。

後で考えるとこれが弁護士の告訴を受理させる手だったのかも……。

被害届

ドラマの中で、泥棒の現場に着くなり、すぐに鑑識活動を始めていました。窃盗事件では、侵入方法と被害品の確認が一番重要です。慌てて鑑識活動を行うのではなく、怪我と被害の有無、それから侵入方法などを確認しなければなりません。

一般的に、被害届とは被害を受けた者がその事実を捜査機関に申告する届出をさします。

刑事メモ

被害届に窃盗被害品の特徴を書くのは簡単なようで難しいものです。例えば指輪1つにしても、付いている石は何か？　サイズは？　立爪か埋め込みか？　イニシャルなどの刻印、保証書はあるか……。これがきちんと書かれていないと捜し出して被害者に返すのも難しくなります。ですから、被害届の書き方を見れば捜査や事件に強い警察官であるか大体判断がつきます。

現場急行

パトカーや捜査用車両が現場付近に到着し捜査員が降車して現場に駆け出して行くシーンで、エンジンをかけたままドアロックもしないで車両を離れて遠くの現場に走って行く場面は間違いです。

「車両を離れ又は格納する時は、ドアに鍵をかけるなど盗難防止に努めること」という規則訓令があります。

ですからドアロックをしないで車両から遠くへ離れるようなことはしません。エンジンを切りキーを抜くか、スペアキーでドアロックをして車両から離れます。そうでないと車両を盗まれたり車両内にイタズラをされたりする可能性だってあります。

そのために、特にパトカーなどの運転者は2個のエンジンキーを別々に持つようにしています。

犯罪現場の規制線

現場に黄色のビニールテープが張られ、捜査関係者以外が立ち入らないように規制している場面。

この現場規制というのは殺人事件など重大事件になるほど、鑑識活動をスムーズに行えるようにするため、また、マスコミや野次馬の規制のために行うもので、できるだけ広くとらなければなりません。

ですから死体のすぐ近くに黄色いテープで規制線が張られるようなことは絶対ありません。そして規制線の内側に白黒のパトカーなどが停めてあるというのも少しおかしい気がします。

なぜなら白黒パトカーは立入りや野次馬の盾となる役目と、他に事件があった場合にその現場に向かう必要があるため、すぐに活動できるよう、規制線の外側で動きやすい場所に停めておくのが普通なのです。

刑事メモ

機動捜査隊勤務当初、傷害事件現場に先着一番をしたことがありましたが、初動捜査を終えて警察署の捜査員に現場を引継ぎして離れようとしたら、乗って来た捜査用車両の後ろには、後から到着した署の捜査用車両や交番のバイク、救急車などが停められていました。

結局、他の捜査員の捜査が完了するまで現場から離れることができず、それからというもの、車両はすぐに離脱できる場所に停めるようにしていました。

事件現場臨場

事件現場に臨場した捜査員が、何もせず家の外で鑑識係員の活動作業を見ているシーンがありました。

確かに鑑識活動が行われている間は、鑑識係員以外は重要事件現場内に入れてもらえません。しかし手ぶらで現場を眺めている余裕はないのです。鑑識係員からＯＫが出るまで付近での聞き込みや遺留品を捜しています。

泥棒の現場に臨場した刑事の場合は、鑑識活動の邪魔をしないように気を配りながら被害届のほかに、臨場できなかった捜査員にもわかるように、手口などを記した被害通報票、「臨場簿」も作成します。ボーっと眺めていたら現場責任者にどやしつけられます。

特に殺人現場や重要事件現場なら、付近の聞き込みをするなど、やることはたくさんあります。

刑事メモ

深夜のコンビニ強盗の現場先着一番をしたことがありました。店内にいた店員をすぐに店外に連れ出し、店の出入口周辺などに黄色の侵入禁止テープを貼りめぐらせ、店員は捜査用車両の後部席に乗せてドアロックをします。

こうすれば店内には機動鑑識担当が来るまで誰も店内に入れず足跡などが残り証拠保全がきちんとできます。捜査用車両に乗せた店員からは被害の状況が落ち着いてきちんと聞けて、犯人の特徴などをすぐに車両無線で報告手配することも可能です。

また、後着した他の捜査員が流れている手配無線を聞きながら周辺の捜索に入れるという利点もあります。そして何より鑑識係員からも現状保存が完璧だと喜ばれました。

機動捜査隊

ドラマで機動捜査隊（通称「機捜隊」）について取り上げられている場面がありました。「本部の刑事部に所属する24時間体制の組織で、通常は私服に覆面パトカーで稼働しています。しかし、彼らが動くのは殺人、強盗、放火、誘拐、暴力団の抗争といった重要事件だけです」と説明していました。

前半は正しいのですが、扱う事件はそれだけではありません。窃盗や詐欺、そして少年犯罪、薬物犯罪、ゴミ捨て犯罪などの特別法犯罪など、いろいろ扱います。一度ですが、死亡轢き逃げ交通事故の車当たり捜査も警察署から依頼を受けて実施したことがありました。

ある署長が「機捜隊は、私服の自動車警ら隊」と言っていましたが、そうかもしれません。

緊急配備

「緊急配備からすでに5時間経つ」というセリフがありました。このセリフは、実は時間的に無理があるのです。緊急配備は次の5つに分けられます。

・全体配備（県内全域において最大の配備員を動員して行う配備）
・要点配備（県内全域の主要幹線道路の要点、駅などに行う配備）
・指定署配備（指定する警察署の管轄区域において行う配備）
・高速道路配備（県内の高速道路や自動車専用道路の主要地点で行う配備）
・発生署配備（緊急配備対象事件が発生署の管轄区域内で行う配備）

配備の発令や解除は誰でもできるわけではなく、主に本部通信指令課長が行うと定められています。そして発令後約2時間を経過し、この間被疑者の行動に関する情報がなく逃走手段などを考慮し検挙の見込みがないと認めたとき配備を解除することになっています。

捜査本部

○設置場所

小部屋のドア入口に「○○殺人事件捜査本部」というプレートがかけられている場面。捜査本部は、多数の捜査員が入るので警察署の大会議室、道場、訓示室などの部屋を使います。時期が経って捜査体制が縮小されたのなら別ですが、最初から小部屋ということはよほどの理由がなければありません。

そしてもう1つ、それは外来者との交流がむずかしい場所に捜査本部を設けます。特に新聞記者などマスコミが自由に入って来られないような、捜査の秘密が保たれる場所になります。

ですから、捜査本部の向かいの部屋が、広報対応部門である警務課とか交通事故などで出入りの多い交通課になることはまずあり得ません。

○捜査資料の提示

捜査本部内のボードに被害者、関係者の相関図や写真を貼り付けるおなじみの場面ですが、これも実は間違いです。

被疑者が特定されて、逮捕状を取り追跡捜査に入っていたり、逮捕し終えての掲示ならまだしも、その場面で捜査資料を掲示したりはしません。掲示されるのは現場の地図や被害現場の略図程度です。

ドラマの演出上、わかりやすくしたのでしょうが、実際は、捜査員以外に情報が漏れないよう、どうしても必要なことは番号が付された印刷用紙で配付されます。

○検事が捜査会議に同席

捜査会議で検事が捜査員の後方席に座り、話を聞いたり意見を言ったりしていたシーン。捜査本部の捜査会議（初動の会議）に検事が出席し、捜査員と一緒に捜査会議を進行することは私の経験上はありませんでした。

もし会議に出席するとしても、捜査員の後方席に座るということも考えられません。出席するなら検事は雛壇の前の方、署長の隣あたりに座るのでは？

○捜査本部の記者会見

捜査本部の記者会見が事件発生時だけで終わっていました。事件が発生し捜査本部を開設すると捜査本部解説の記者会見を行いますが、その日の1回の会見だけで終わるわけではありません。開設してから当分の間（3日～1週間）は、毎日時間を決めて会見を行います。

ちなみに新聞記者の方は、その会見以外にも警察幹部へのぶら下がり質問や捜査員への夜討ち朝駆けを行なっています。警察も大変ですが記者さんも大変なようです。

刑事メモ

ドラマでは緊迫感を出すためか、捜査会議室がいつも暗がりです。実際はそのようなことはありません。会議でプロジェクターの使用をすることもほとんどありませんのでむしろ明るいです。それとも省エネに配慮しての演出でしょうか？

殺人事件初動捜査

殺人事件の初動現場に捜査員が5～6名と鑑識係が1人。被疑者がすでに逮捕されているのならまだしも、発生があって被疑者が特定されていない事件を署の刑事5～6人だけで捜査することは絶対にありません。コトは重要事件です。

現場には、本部の捜査一課、機動鑑識を含む鑑識課、機動捜査隊だけでなく、自動車警ら隊、交通機動隊も臨場することがありますし、署だって各課の垣根を越えて捜査に従事しています。《犯罪捜査規範第22条》

殺人事件と判断される場合、本部検視官や捜査員が到着するまでは、現場を荒らさないためになるべく室内には入りません。

所轄だけの捜査

連続殺人事件を警察署の刑事課員だけで捜査するストーリー。

被疑者が特定されてすでに身柄が確保されているのならまだしも、被疑者も特定されていない同一関連の連続殺人事件なら、れっきとした重要犯罪であり、捜査本部が必ず設置されます。また、捜査本部設置となれば捜査員が5～6人だけということもありません。

場合によっては隣接署から指定の捜査員の応援を求めることもあり、大抵80名以上の捜査体制になります。連続殺人で発生場所が複数の警察署管内をまたぐようであれば、合同捜査や共同捜査本部を設置することにもなります。

逆に、事件化する前の容疑内偵捜査なら別ですが、発覚している事件を警察本部員だけで捜査することもあり得ない、と付け加えておきます。

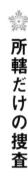

密告（タレ込み）電話

外部からの密告電話が、捜査本部や刑事課に直接入ってきていました。

普通、刑事課や捜査本部の直通電話番号は、臨時電話を設け広報で情報を求めている以外、電話帳にも載っていないのでわからないはずです。

ですから、捜査員以外の電話が外部から直接捜査本部に入ることはあり得ません。

普通、外線からの電話は代表の番号で署の交換に入り、そこから内線で捜査部屋の電話に繋がることになります。

警察署には、110番と同じでいろいろな人から電話が入ってきます。事件、事故からはじまり、困り事、相談事、何の電話をしてきているのかわからないものまで、これらを各課係に振り分けすばやくつなぎ対応できるかは、電話受付係の腕にかかっています。

110番指令の略字

110番の入電がありますと、通信指令課受理者がその通報内容を聞きながら略字などを使用してメモします。それが画面に表示され、それを見ながら指令者が警察署やパトカーなどに指令しています。

この略字は従事者の誰にでもわかるように、各県警察の110番運用要領で決められています。たとえば、「被疑者」は㋪、「被害者」は(害)、「当事者」は㋣、「目撃者」は(目)、「通報者」は(通)、「男性」は♂、「女性」は♀、「警察官」はPM、「運転者」は(運)、「軽傷」は㋘などです。たとえばボードに「(目)から〜トラ vs サイ、㋘」と表示された場合は、決して動物園から虎とサイが逃げ出して怪我人が出た旨の通報ではなく、「目撃者からの通報でトラックと自転車（サイクリング）での軽傷の人身交通事故」という意味なのです。

110番通報を受ける通信指令課（画像引用：鳥取県警ホームページ）

聞き込み

アパートに聞き込みに行き、隣の人がその会話を聞いてしまった、という場面もよく見かけます。

実際、アパートやマンションに行って聞き込みをする場合は、隣の部屋の住人に聞かれたり、聞き込みをしているとわかるような訪ね方や聞き込みはしないと言ってよいでしょう。

隣家の方と口裏を合わされたりしないためだけでなく、プライバシーの問題もあるので、余程のことがない限り捜査員が訪ねてきたこともわからないように配慮して訪ね、聞き込みを行います。会社などを訪ねて事件関係者に話を聞く時も、勤めている人にあらぬ噂が立たないように注意するものです。

また、聞き込みの際に相手を目の前にして情報をメモしながら聞くこともめったにありません。なぜなら、メモを取られていると思うと普通に話してくれることも話してもらえなくなってしまうことが多々あるからです。

そのため、ポケットの中でわからないようにメモをするとか、すべて聞き終わってから、改めて情報提供者に確認しながら確実にメモをするなどの工夫をしています。聞き終わった後は、今後の追加情報などの協力を得るために相手に自分の名刺や連絡先を渡しています。

刑事メモ

ドラマで刑事が、「怪しい者を見なかったか？」と言って聞き込みをしていましたが、捜査員はこういう言い方、聞き方はしません。

「怪しい」というのは目撃者の考えが入ってしまい、誰かを目撃したとしても、目撃者が怪しいと感じなければ「見なかった」という答えになってしまいます。

ですから「誰か見ましたか？」「誰かに会いましたか？」という聞き方をするものです。

赤色灯

捜査用車両で赤色灯を点灯して関係者宅に赴くシーン。これは、間違いです。

緊急走行には実施基準というのがあり、緊急走行は「人命救護」「急訴事案等の措置」「犯人検挙など」「緊急配備」「警備活動等」「交通取締り」の場合に限られています。

ましてや捜査用車両（覆面パトカー）は、白黒パトカーと違い警察車両だとわからないようにしている車両です。ですから緊急を要する場合以外に、赤色灯を出して事件関係者宅に赴くことはありません。

また、逮捕や任意同行で関係者を同乗させるときに赤色灯を出して走行することも、緊急を要する場合以外にはあり得ません。

何でもかんでも赤色灯を出すのは、関係者に対する配意が少し足りないのではないかと心配です。

刑事メモ

覆面パトカーの涙型赤色灯は、便利なようで管理が大変です。台が磁気ゴムでできていて車の屋根に貼り付ける仕様になっているのですが、磁気を帯びているために砂鉄などが付きやすく、手入れをきちんとしておかないと付着した砂鉄を含んだ砂で車の屋根面に細かい傷がたくさんできてしまいます。

そのため、覆面パトカーの屋根を見れば日頃から車両の手入れをしているかがすぐにわかります。

室内の捜索

○被害者宅をいきなり捜索

路上で死亡した被害者の自宅に直行して室内を捜索する場面がありました。

令状もなく立会人も置かずに調べることはありません。部屋の中で危機が迫っているのならまだしも、緊急でもないのに犯人捜しのため、令状もなく管理人に部屋のドアを開けさせて捜査員だけが室内に入るのはちょっと無理があります。

それに素手で室内の物に触ることもありませんし、たった2人くらいで室内を捜す、しかも写真撮影もしないなんてあり得ないことです。

○関係者宅の捜索

事件関係者宅に赴き、アリバイを聞くとともに自室内を捜索する場面がありました。

アリバイを尋ねるのは構いませんが、令状もないのに自室内を勝手に捜索するのはいくら任意と言っても違法です。《犯罪捜査規範第108条》

刑事メモ

捜索といえば部屋の中だけだと思われるかもしれませんが、付属建物（物置など）や自動車内を捜索することもあります。簡単に目的の物が見つかる場合もあれば、なかなか捜しても見つからない場合もあります。

また、物によってどこに隠すかいろいろと考えられているもので、私が経験したうちでは、

けん銃↓犬小屋の中、部屋の鴨居、玄関口の下駄箱の中、物置小屋
覚せい剤↓冷蔵庫内、コタツ台の下、ゴミ箱の裏底、自動車マット下
通帳↓米櫃の中、ベッド下、天井裏、コタツ板の下、本棚の本の間
貴金属↓洗濯機脇の粉石鹸箱の中、鴨居、テレビ台の下

などという隠し場所がありました。見つからないと思って隠した場所だったのでしょうが見つけました。

写真1枚で確認

刑事が被疑者写真を1枚さし出し、被害者に「こいつですか?」と聞く。目撃者から写真で被疑者を特定することを「写真面割り」と言います。被疑者の写真面割りは、たった1枚の写真で行うことはありません。

少なくとも10枚以上よく似た写真を集め、しかも「この中に犯人がいるとは限らない」という説明をしてから行います。

そうでなければ後になって、被害者や参考人から「警察が見せたから犯人に間違いないと思った」ということにもなりかねませんし、誤認捜査のもとになってしまいます。

ですから十数枚の中から、いないかもしれないと前置きをして行うものです。

尾行

被疑者を捜査員2人が連れ立って尾行するシーン。並んで歩いていたらすぐにバレてしまいます。

二手に分かれて尾行をするなり、1人が先回りするなどの工夫をするのが普通です。「警察24時」などで痴漢やスリを捕まえる鉄道警察隊の行動を見たらよくわかると思います。

刑事メモ

尾行は簡単なようで難しいものです。特に相手が警戒しているときは大変苦労します。尾行対象者は突然振り返ったり、歩く速度を速めたり、急に曲がったり、予測のできない行動をします。

尾行中は、あらゆる予測を立て、離脱や失尾を覚悟で無理をしないことを念頭に行なっていました。

警察犬

動物の演技ですが、警察犬が地面から鼻をあげて臭気追跡をしていました。警察犬が臭気の追跡中に地面から鼻を上げたら、そこで臭いは途切れたという合図になります。まして、警察犬が走りながら臭いを追跡することはあり得ません。警察犬を知る人が見れば、すぐにわかります。

警察犬には、都道府県警察で直接飼育訓練、運営管理している直轄警察犬と、民間一般人が飼育管理訓練し、審査のうえ資格を与えた嘱託警察犬がいます。

直轄警察犬のいる都道府県警は、私の知る限りですと、警視庁や神奈川県警、大阪府警、京都府警、長野県警、山梨県警、山形県警、熊本県警、島根県警、香川県警、愛媛県警、沖縄県警があります。

犬種はシェパード、ドーベルマン、コリー、ボクサー、ラブラドール・レトリバー、ゴールデン・レトリバーなどが主で、最近では嘱託犬の中でチワワやトイプードルなどの小型犬もいるようです。

刑事メモ

警察犬での捜査には、追跡の原臭になる物が必要です。原臭というのは他人が触っていない物で、例えば靴、パジャマ、枕カバーなどが望ましいです。

以前、ある若い女性が所在不明との届出を受理したとき、その母親に原臭になる物の提出を求めたところ、車の中に置いてあったタオルハンカチを取り出して自分の手を拭きながら「これは娘がいつも使っているものですから」と言って差し出されたので困りました。

臭気選別訓練中の警察犬（画像引用：沖縄県警ホームページ）

他県での捜査

他県で発生した殺人事件で上司が被疑者となったことから、部下達が捜査するというドラマがありました。

事件を捜査するには管轄権が必要です。全く関係のない他県の事件を捜査することはあり得ませんし捜査妨害にもなります。

また、自署管轄内の事件について、管轄外にあたる他県に行って捜査をする際は、普通その県警に出張連絡をしてから捜査します。黙ってその県に赴き、勝手に交番などに協力を求めて捜査をすることはありません。

「犯罪捜査共助規則」の第三条には、「都道府県警察は、他の都道府県警察の管轄区域において捜査を行うときは、あらかじめ（やむを得ない場合においては、事後速やかに）、当該都道府県警察に連絡するものとする」という条文があります。

また、勝手にホテルに宿泊することもありません。宿泊に捜査費を使うことになるので所属長の了解も必要となり、警察署に報告連絡することになります。

刑事メモ

盗犯捜査をしていた頃のことです。私が勤務していた署とは別のA署管轄内で起きた空き巣狙いで盗まれた品を、隣のB署管轄内の質屋で発見しました。

さらに、その空き巣狙いの被疑者が住んでいるのが自署ともA署、B署とも違う、C署管轄内ということがわかりました。

この場合、本来ならば自署に管轄権がないため、被疑者に関係する署に引き継ぐことになります。ですが、せっかく見つけたのにもったいないので、A署で起こったその空き巣狙いの事件が自署で起こった空き巣狙いと手口が酷似しているとして自署との関連事件として令状を請求し、被疑者を逮捕しました。

被疑者は、思っていたところと違う警察署が迎えに来たので驚いていたようでした。

合同捜査を捜査員同士が決める

捜査員が他県の捜査本部に行き合同捜査を簡単に決めていました。他県との合同捜査は、警察本部同士で協議し公安委員会の承認を得るなどの手続きが必要です。

特に他県との合同捜査については、事前に合同捜査を行うために協定を取り決めます。時には管区警察局や警察庁が調整に入ることもあります。ですから他県に赴いた捜査員が個人で合同捜査を勝手に決めることはあり得ません。

合同捜査本部内の様子（画像引用：『警察白書』平成 17 年版／警察庁）

警察と他捜査機関

警察と麻薬取締官との捜査争いのドラマがありました。私の知る限り、目に見えての争いはありません。お互い協力しあっています。

他機関捜査官としては麻薬取締官の他に海上保安官、自衛隊警務官、国税査察官、労働基準監督官、入国警備官などがありますが、警察大学や税務大学で一緒に学ぶこともあるので、捜査員同士の交流もあります。

自衛隊の基地内で窃盗事件が発生し、自衛隊警務隊が捜査して被疑者を特定、逮捕したことがありましたが、自衛隊内には留置施設がないことから警察署で委託を受けて勾留・留置しました。

警察と自衛隊との共同訓練（画像引用：『警察白書』平成24年版／警察庁）

ギャンブル場での捜査

ギャンブル場やパチンコ店で、捜査員が簡単に対象者を見つけていますが、これは難しいことです。

過去、実際に逮捕状の出ている窃盗被疑者の追跡捜査で、ギャンブル場に通いました。開場時から出入口ゲートで張込んだり場内を歩き回ったりして捜すのですが、写真だけで特定の人間を捜すのは容易ではありません。ましてや、手がかりが写真1枚だけともなれば、さらに困難になります。

結局そのときは被疑者を捜し出すのにギャンブル場へ3日間かよい詰めました。競技場の警備員に協力を求めたりもしますが、それでも難しいものです。

張込み

張込みとなると、なぜ車内張込みなのでしょう？ 車にずっと乗っていると近所の者に絶対不審がられます。実際、新人の捜査員が１１０番されたり、逆に職務質問を受けることさえあります。

長期間の張込みには、アパートや一般の家の部屋を借りたりもします。

それと張込みの差し入れが、いつもパンと牛乳というのも違和感があります。私の場合、差し入れにはカロリーメイトとドリンク剤などを渡していました。捜査員は色々工夫して張込んでいるものです。

刑事メモ

私は、窃盗常習者を張込んでいるとき、対象者の自宅近くのアパート前に車を停めワックスをかけたり車両整備をしたりしていました。

1週間も続けていると、すっかり地域に溶け込んでしまい常習者の男にも近所の住人と思い込まれていつの間にか「コンニチハ」と挨拶まで交わしていました。

逆にガソリンスタンドの事務所を借りて張込んだ時には、スタンド店員がお喋りで来る客に捜査のことを話したりするので、すぐに場所を変えました。

Nシステム

車両で拉致された被害者をNシステムと携帯電話の微弱電波で逐次追跡するシーン。これができれば良いのですが、現状は難しいです。Nシステムとは自動車ナンバー自動読取装置のことで、装置のある道路を通過した車両のナンバープレートを読み取ることができるというものですが、逐一追跡するのは設置数から言っても容易ではありません。他県に跨る追跡でしたら尚更です。県間、管区の調整が必要ですし、机上のパソコンで簡単に追尾確認することはあり得ません。

また携帯電話の微弱電波はＮＴＴ管理のもので、通信の秘匿もあり適正な手続きが求められ、簡単に行うことは不可能なはずです。

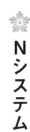

捜査書類

○捜査報告書

刑事が捜査報告書を読んでいるシーン。捜査書類には原則があり記載年月日、作成者の所属官公署、作成者署名、押印が必要です。書類の余白または空白には斜線を引いて、押印もされていなければなりません。報告先の宛名が直属の上司ということもありません。報告書は所属の署長宛に書かれます。《犯罪捜査規範第56条》

鑑定書も同じです。ただ用紙1枚に鑑定書と太文字であるだけのものは間違いです。また、鑑定書は即日出ることは少なく中間回答として電話用紙やメモで鑑定結果を受け取り、実際の鑑定書は公判までに間に合うように送られて来るのが普通です。（解剖↓99ページ参照）

○鑑定依頼書

捜査員が白骨だけを大学研究室に直接持参し鑑定依頼をするシーン。鑑定は、一時的には科捜研が行います。科捜研で行えない場合は科捜研から専門所属に依頼しますが、事前に鑑定内容などを詳細に打ち合わせ、鑑定依頼書を付して依頼します。

ですから鑑定物件だけを持参して鑑定してもらうということはありません。

○鑑定結果報告書

科捜研の職員が、鑑定結果の書類を被疑者に示し捜査をしていました。公判前で捜査中の事件についての鑑定結果や捜査資料を捜査対象者に提示することは、刑事訴訟法上から言ってもあり得ません。

さらに言うなら科捜研職員は警察官ではないので、被疑者に聞き込みなどの捜査をすること自体あり得ません。

任意同行

○任意同行？

被疑者を任意同行で車に乗せるのに手や服を掴んで引きずり込むのは「任意」とはいえません。あくまで任意ですから、対象者の手や服を掴むことはせず、ただ相手の行動だけは確実に見て特異な行動はさせないようにします。

また、任意同行と言っても捜査用車両後部席に1人だけで座らせることは、私の経験からはありません。車内で勝手な行動や、証拠物を隠したり窓から捨てさせないためです。

○遠距離への任意同行

捜査員が、北海道から東京まで任意同行して取調べると言っていました。任意同行を遠距離間で行うことはありません。任意性が疑われます。そのような時は、近くの警察署に協力を求め、取調室や交番を借用して行います。ですから北海道から東京に任意同行ということはとんでもないことです。

手口捜査

セリフの中で「傷害の手口原紙で容疑者が浮上しました」というものがありました。手口原紙というのは、簡単に言うと被疑者の犯罪の方法や特癖（いわゆる被疑者の個性）など今後の捜査の参考になることを記録したものです。これは取調べた捜査員が作成します。

しかし、すべての犯罪について原紙を作るわけではありません。犯罪手口制度上の手口犯罪は、「殺人、強盗、放火、誘拐、恐喝、窃盗、詐欺、性的犯罪」です。ですから傷害の手口原紙というのは存在しません。

打ち上げ

事件が解決し、打ち上げが行われるシーンにも気になる箇所がありました。

事件が解決して捜査本部が解散する時に、労をねぎらう打ち上げをするのですが、ドラマのシーンでは主役と数人の捜査員だけで行われています。

本当は、捜査本部に参加した捜査員の大半と、署長や捜査幹部、捜査検事も出席することもあり大人数となります。こぢんまりとした打ち上げというのは、窃盗常習者を検挙して被疑者が起訴された場合など、「起訴祝い」のときに行ったりします。

打ち上げ費用は、捜査費から出るわけがありませんので副署長、刑事課長や係長が苦労して警察官友の会からの寄付、福利厚生会の厚生費、捜査員の持ち込みなどの捻出で行われます。

そのため、乾き物にビール、清酒、焼酎、その他捜査員の持ち込み程度で大変質素に行われるのが現実です。

捜査員のタブー

〇事件関係者を捜査員の自宅に招いて捜査

これは明らかな公私混同です。独断で自宅に招き2人きりになる、ましてや家族のいる中で事件の話をするなんて、とんでもないことです。誤解を与えたり事件秘密の漏えいを招くことにもなりかねません。

〇刑事が休暇をとり独自に捜査

休暇中の捜査は公務にあたりません。捜査員の中には当直勤務明けで帰宅途中にある質店やリサイクルショップで情報を得る者もいましたが、休暇中に警察手帳は持ちませんし、公務災害などの面から言っても私的な捜査をすることは許されていません。

〇脅迫の手紙を捜査員が素手で触る

言語道断です。指紋採取もあるので素手で触ることは絶対にありません。問題外です。

第3章

ここが違うよ！
鑑識のルール

鑑識係

○現場の写真撮影

鑑識係が現場をウロウロしながら闇雲に写真をパチパチ撮る場面が気になります。写真の撮影には順番があります。現場の外部から各方向を撮影して地理的状況を明らかにした後に、犯罪に関係ある個々の物を順次近接して撮影する。つまり外から内、大きくから小さく撮るのが原則です。

多人数が絡む路上喧嘩の傷害事件だと、現場には犯行に使用された凶器や血痕などが散乱していて、これらの位置をすべて見分、測定して書類化するのは容易ではありません。そのときは、交通課が事故捜査で使用するステレオカメラ車の出動を願います。このカメラ撮影だと位置距離関係などが確実に図化され重宝します。高低差のある山での遺体発掘、川岸工事での労災事故現場でも活用しました。

○鑑識係員の統率

殺人現場で、鑑識係員が勝手バラバラに鑑識活動や遺留品の捜査をしているのも不自然です。

泥棒の現場ならまだしも、殺人事件ではまず消えやすい足跡採取など大まかな鑑識活動を行った後に、各部屋の検証活動を鑑識係員と検証官が一緒に効率よく行います。

殺人事件現場を2～3人の鑑識係員だけで鑑識活動を行うことはありませんし、鑑識活動を行っている場所を捜査員が邪魔をすることもありません。

とはいえ、ある捜査員が現場の小間物を不用意に手にとってしまい、実況見分調書と現場写真とで違っているという騒ぎになったこともありました。

○指紋採取

係員が白手袋で検体を手に取り刷毛でパタパタと指紋を採取するシーン。

いくら白手袋をしているからといって、採取する物に無闇に触るようなことはしません。指紋が白手袋で消されてしまう恐れがあるからです。

それに、指紋もアルミ粉末で採れるものと採れないものがあります。用紙から指紋を採るにはニンヒドリンなどの薬液を使用して採取します。ですから用紙に毛バタキで指紋採取というのもいただけません。

○足跡

「鑑識からの回答で、現場での足跡がお前の靴と一致した」というセリフ。

足跡が「一致する」というのは鑑定依頼をしてもなかなか得られません。大抵は、「酷似する」「類似する」という回答です。

よほど靴に特徴的な傷痕がたくさんあり、採取した足跡が鮮明なものであれば別でしょうが、部分的に採取したものや不鮮明なものだと靴の紋様が「類似する」という回答にとどまります。

刑事メモ

事件にもよりますが、鑑識係だけが鑑識活動を行うとは限りません。交番勤務員や普通の捜査員が鑑識活動を行うこともあります。

警察学校を卒業するまでに鑑識の資格（初級）を取得していますし、卒業した後も機会を得て上級の資格を取得している者もいます。

つまり、新人の鑑識係員より上級の鑑識資格を持つ機動捜査隊員がいることもあるのです。

現場鑑識活動の様子（画像引用：『警察白書』平成 15 年版／警察庁）

遺留品の扱い

捜査員が遺留品を見つけて鑑識係員に資料を預けるシーンがありましたが、立会人の確認も行わないで、鑑識資料や遺留品を採取することはありません。

ホテル内なら支配人やボーイ、一般家庭では親族などが必ず立会いをします。もしその場に立会人がいなくても消防署職員などの公務員を呼び、立会人を置いて確認をして、さらに写真撮影を行なってから採取を行います。

また遺留品の証拠化書類の作成は、鑑識係員ではなく捜査員が行うのが普通です。

殺人事件では発生認知後に鑑識活動を行いますが、それと同時に裁判所から検証許可状を取り詳しく現場を検証します。それこそカーペットの裏まで綿密に調べます。一軒家だと1日で終わることはなく2~3日以上を要することもよくあります。

そのため、ドラマでよく目にする、刑事が後に再び現場を訪れ新たに有力な証拠を発見する展開は残念ながら考えられません。

科捜研

○科捜研の人数

科捜研は「科学捜査研究所」の略称で、各県警察本部の刑事部内に設置されている公的な研究機関です。科学捜査の研究や鑑定を行っていますが、鑑識課とは別です。

科捜研の組織は、大まかに分けると法医学、心理学、文書、物理学（工学）、化学の分野に分かれています。

法医学は血液やDNAなどの鑑定検査、心理学はポリグラフ（嘘発見）検査、文書はニセ札や筆跡鑑定など、物理学は火災原因の究明、けん銃や摩耗された機械などの鑑定、化学は覚せい剤や毒物などの鑑定を行っていて研究員が大半です。

それに庶務係もいますので、人数も結構な数になります。

各県によって配属人数は異なりますが、いくらドラマでも専門員が各1人で、科捜研の所属人員5～6人というのは少な過ぎます。

○ポリグラフ検査

嘘発見器または正直発見器と呼ばれる「ポリグラフ検査」。これは検査事件に関する事実を認識しているか否かを判定する必要のある者のうち、検査を受けることを承諾した者に行う検査です。

しかし、誰に対しても検査できるのではなく検査に不適格な者や検査を行ってはならない者がいます。

・健康上の理由によって検査に支障がある者
・妊娠している者
・検査に必要な意思の疎通が困難な者
・薬剤等により鎮静又は興奮状態にある者
・極度の睡眠不足又は疲労状態にある者
・酒気を帯びている者

などです。

○科捜研の役割

ドラマの被害現場で、鑑識資料を科捜研の職員が採取していました。

鑑識資料を採取するのは警察官である鑑識係員で、採取した証拠資料を鑑定するのが科捜研職員の役割です。

○髪の毛からのDNA鑑定

現場に落ちていた髪の毛からDNA鑑定をするシーンがありました。

私は以前、科捜研の人から「毛根がないとDNA鑑定はできません。落ちた髪の毛は毛根が死んでいるのでDNA鑑定は無理です」と聞いたことがあります。それとも時代が進んで、毛根がなくても鑑定が可能になったのでしょうか?

○鑑定資料の受領

DNA鑑定のため、被疑者から頭髪を抜いてもらい捜査員がハンカチで包んで受取っていました。

受領しただけでは証拠としての価値がないとみなされてもおかしくありません。任意提出書と所有権放棄書の書類を作成し、頭髪はビニール袋に入れて預かる必要がありますし、実際には、頭髪を抜いて受け取ることはせず採取キットを使って口腔内粘膜から資料を採取しています。

○防犯カメラから人物を判別

防犯カメラで撮影された対象者を部分拡大することが多いようですが、部分拡大しても対象者が鮮明になることはありません。走査線や画像粒子などが荒くなるだけで細かい判別はできないはずです。

検視

○検視場所

ドラマでは路上で殺された遺体をその場で検視することがありますが、周りの目がある場所で遺体の検視はあまり行いません。ですから街中などの遺体発見場所において、すぐにメジャーで身長を測定したり、衣服を脱がすことはないのです。

公園の樹で首吊りしている遺体でも、遺体の状況を確認するとすぐに警察署に遺体を搬送し、霊安室などで服を脱がしながら死体の外部所見（身長や体格、体温、全身の皮色、腐敗、死斑、顔面～角膜、瞳孔、溢血点等～鼻孔、舌尖、排出物）などを詳しく見ていきます。

路上の発見場所で、すぐに遺体の服を脱がせるのは、特別な場合でないかぎりないことです。

○検視を行う人数

捜査員2名で検視を行うシーン。検視業務は、「人の死」という事実から死亡種別、死因などを究明し、社会正義を実現するために行うもので、死因が犯罪に起因するか否かを的確に判断するという重要な業務です。

しかも検視対象になる変死体は千差万別であり、手元にある資料や時間の制約などもあるという厳しい条件のもとで行われます。

そのため、検視業務を捜査員2人で行えないことはありませんが、写真撮影を行わない、服も脱がさず身長体重、直腸温度などの測定、外傷の観察、瞳孔などの観察も行わない検視というのではいただけません。

私の経験のなかで、2人で検視を行なったことが一度だけありました。路上で倒れ、救急車で病院に運ばれたのち死亡した遺体を、医師が死亡確認だけ行い、警察に連絡せずに遺族に引き渡してしまったのです。

連絡を受け、自宅で葬儀の準備をしているところで検視を行うことになりました。事件性がないとある程度わかっていたので、時間がかかりながらも2人だけで行えましたが、やはり多くの目で見たほうがより確実な検視ができます。

○検視を科捜研職員が行う

これはあり得ません。検視は刑事訴訟法第229条第2項の規定に基づき、司法警察員である警察官が検察官の代行として行うほか、犯罪の対象以外の死体に対しても死体取扱い規則により行うものです。

検視の補助ならまだしも、警察官でない科捜研の警察事務職員だけで行う検視は間違いとなります。いくら真実を明らかにするという目的があっても法律違反です。

監察医

ドラマの中の東京都青梅《おうめ》市で、監察医が臨場し検視を行っていました。一般の方からすればどうということのない場面でしょうが、間違いです。

現在、監察医制度があるのは東京23区内、大阪市、名古屋市、横浜市、神戸市の5都市だけです。その他の地域では警察嘱託医の立会いを求めて検視を行っています。ですから、東京都青梅市で監察医が臨場するのは間違いです。

さらに言うと、検視立会いの警察医が解剖を行うのも少し無理があります。解剖は大学病院の教授などに嘱託します。

死亡時間

鑑識係が死体を眺めて、「詳しくは解剖してみなければわかりませんが、硬直の状態から死亡推定日時は昨晩の午後6時から午後8時頃です」と告げるシーンがありました。外見の死体現象だけで、死亡時間をそんなに細かく特定することはできません。

確かに死体硬直、直腸内温度、死斑などで大まかな時間は推定できますが、死体のあった場所の環境などで大きく変わります。

解剖を行ったとしても、解剖だけの判断で2時間の幅に限定するのは相当に無理があります。普通、死亡推定日時は、解剖だけでなく他の捜査結果も勘案し幅を持たせているものです。

また、遺体の身元確認についても不自然な点が見受けられました。事件関係者の遺体が山中で発見され、「死後2ヶ月、身元を指紋で確認」と言っていましたが、遺体の腐敗は1～2日で始まり、1週間以上経つと融解し始めます。

死後2ヶ月、しかも山中に捨てられた遺体では、指紋採取はできないはずです。遺体の身元確認は、身体特徴、歯型、血液、ＤＮＡなどに頼るのではないでしょうか。

刑事メモ

死後硬直は、遺体の発見された場所などにもよりますが、

・死後１時間で下アゴの硬直が軽く始まる
・２～３時間で下アゴ、関節に硬直が現れる
・10～12時間で硬直が全身に及び強くなり死後24時間位で最強状態
・24時間を過ぎると徐々に緩解し始める

と学んだのを覚えています。

解剖

解剖を解剖医と鑑識係と捜査員の3人だけで実施していました。解剖には、おおまかに司法解剖、行政解剖、承諾解剖がありますが、事件性が考えられる遺体については司法解剖を行います。

司法解剖をするには、裁判官から令状（鑑定処分許可状）の交付を受け、交付された許可状に鑑定嘱託書を添えたうえで医師に鑑定を依頼するので、そう簡単にはできません。

また、解剖には執刀医、補助者などが付き、捜査側からも検視官、写真撮影の鑑識係や管轄署の捜査員らも立会いますので、司法解剖を2～3人だけで行うというのは考えられません。

さらに言うなら、解剖をした翌日に鑑定書（解剖結果）が届けられることもありません。組織検査や薬物検査などもあるため、鑑定書が届くのはかなり遅くなります。公判前にやっと間に合うという場合もザラにあるほどです。

鑑定書が届くまでの間は、解剖医師や捜査員で解剖後に検討し、その時点でわかっていることをまとめた報告メモや、医師からの中間回答連絡とかで間に合わせますので捜査に影響することはありません。

刑事メモ

大学病院などで解剖を行う場合、捜査員の他に警察学校を卒業したての新人も経験のために連れていくことがあります。

また、同じく経験のためか新人検事も見学に来ることがありました。もっとも警察官に比べると少し腰が引けており後ろの方で呼吸を荒くして黙ったまま、青白く気を失う寸前の表情をしていましたが。

証拠品

殺人被害者の部屋から捜査の参考になる物を持ち帰るシーンがありますが、証拠品などを黙って勝手に持ち帰ることはありません。

立会人に確認をとり、書類化してから持ち帰ります。証拠品を預かった場合、警察官（捜査員）は、預かり証を意味する「押収品目録交付書」という書類を提出者（被押収者）に渡すことになっています。黙って持ち帰ると泥棒ですよ。

捜査員が黙って証拠品を持ち出して聞き込みするのも現実には難しいです。証拠品を勝手に外部に持ち出すことはできません。証拠品紛失のもとにもなるので、帳簿に出し入れをきちんと記載して捜査をしています。

第4章

ここが違うよ！
逮捕の現場

現行犯逮捕

ドラマの中で女性捜査員が、「婦女暴行の現行犯で緊急逮捕します」と言っていました。暴行の現行犯で逮捕ならわかりますが、婦女暴行という罪名はありません。暴行か強制わいせつ、もしくは強姦の間違いでしょうか?

現行犯なのに緊急逮捕というのもおかしな話です。暴行は長期3年以上の刑期ではないので緊急逮捕というのもありません。セリフ自体が間違っています。（緊急逮捕↓106ページ参照）

警察実録ものの中の解説で、「盗撮を認めたので現行犯逮捕」と言っていましたが、現行犯逮捕は被疑者が犯行を認めたから逮捕するとか、認めないから逮捕しないというものではありません。

刑事メモ

現行犯人の要件は、犯罪と犯人が、逮捕のその時点で明白であり、「現に罪を行い、又は行い終わった者」でなければなりません。つまり現行性、明白性が要求されます。

したがって現行犯逮捕において、誤認逮捕はあり得ないことになります。誤認逮捕の余地が全くないからこそ現行犯人については、警察官でなくても令状なくして逮捕できるのです。現行犯逮捕に馴染まない重大事件であれば、緊急逮捕か令状を請求しての通常逮捕としています。

緊急逮捕

刑事が、傷害犯人を捜査で特定し緊急逮捕するシーン。

緊急逮捕は、逮捕状を請求するいとまのない時に、長期3年以上の懲役、禁固の刑に該当する罪に限って逮捕し、ただちに裁判所に逮捕状を請求するものです。

傷害事件は緊急逮捕できますが、数ヶ月前の、診断書もないような事件で、さらに被疑者が罪を犯した充分な証拠がないのに思いつきのように緊急逮捕するようなことはあり得ません。

また、緊急逮捕したならただちに裁判所に令状を請求しなければならないので、のんびりと事件の感慨に耽っている余裕はありません。《刑事訴訟法第210条》

さらに言うなら、包丁で刺した犯人に対し「傷害と銃刀法違反で緊急逮捕する」というセリフも間違いです。

傷害は長期3年以上の懲役に該当するので緊急逮捕できますが、包丁所持の銃刀法違反は2年以下の懲役または罰金刑ですので緊急逮捕には該当しません。

　ですから「傷害で緊急逮捕」して、送致する時に銃刀法の罪も併せて送致します。過去にどこかの警察署で、被疑者を傷害と銃刀法違反で緊急逮捕してしまい令状請求で裁判官に注意を受け、銃刀法を令状請求から外して改めて請求したという話を聞いたことがあります。

公務執行妨害で逮捕

捜査員と目が合い逃げ出した男、それを追いかけ公務執行妨害で逮捕……。公務執行妨害は、簡単に言うと男（被疑者）が警察官（公務員）を警察官であると認識していなければなりませんし、適正な職務執行中でなければ成立しません。

つまり男が警察官を誰だか認識しておらず、捜査員と目が合って逃げ出しただけでは公務執行妨害は成立しません。《刑法第95条など》

職務質問などの公務を行う際に、相手から「警察手帳を確認させてください」と言われることがあります。警察官はこれを拒否することはできませんが、警察手帳等をもって警察官だと確認したうえで正当な職務質問に抵抗し、警察官に暴行脅迫を加えた場合、公務執行妨害となり得ます。

虚偽公文書作成で逮捕

ドラマのラストで、先輩刑事が後輩刑事に対して「嘘の報告書を作った。俺に手錠をかけろ」と言い、それに従い後輩刑事が手錠をかけるシーン。

その逮捕の種別は何なのでしょうか？　現行犯ではないし、逮捕状を請求していないので通常逮捕でもありません。

確かに虚偽公文書作成は1年以上10年以下の懲役であり緊急逮捕の要件に該当はしています。

しかし、緊急逮捕なら「罪を犯した充分な理由がある場合で且つ急速を要し裁判官の逮捕状を求めることができないときは、その理由を告げて被疑者を逮捕する」のですから、やはりこの逮捕にも該当しないのでは……。手錠をかけるのが早すぎます。

銃刀法違反で逮捕

捜査員がナイフを持っている男に、「銃刀法違反で逮捕する」と言いながら現行犯で手錠を掛けるシーン。

銃刀法の正式名は「銃砲刀剣類所持等取締法」と言います。ナイフの場合は、業務その他正当な理由による場合を除いては、内閣府令で定めるところにより、測った刃体の長さが6センチを超える刃物を携帯していると違反に該当します。

ですから刃体の長さが微妙な場合には、確実に刃体を測定し磁石にて鋼であることも確認してから逮捕します。よほどの抵抗がない限り慌てて手錠をかけるようなことはしません。

薬物使用で逮捕

○薬物を舐めて確認

捜査員が、白い粉を小指に付け、舐めて確認するシーンがありました。これは絶対にやらないことで、この場合、白い粉が覚せい剤だったとしたら捜査員は覚せい剤使用の罪になります。

それに覚せい剤の入っているビニール袋が大き過ぎますし白い粉の量も1回の使用分には多過ぎます。

○覚せい剤の簡易鑑定

覚せい剤であるか否かは、予試験、本鑑定により確認、証明されます。予試験は、Xチェッカーまたはマルキス試薬を使用して行いますが、どちらも覚せい剤の疑いのある粉末を試薬に混ぜ、容疑粉末が覚せい剤であれば、Xチェッカーの場合は瞬時に青藍色に、マルキス試薬の場合はレンガ色に変色することで確認するのです。

予試験の結果、陽性反応が出た場合は覚せい剤の疑いが強いのですが、他の薬物でも同様の反応をする可能性もあることからすぐに科捜研に正式鑑定を依頼しています。ドラマのシーンでは、この覚せい剤を確認するのに用いる粉末の量を耳かき1杯分にしていましたが、そんなに必要ありません。ほんの1～2欠片で十分に試薬は反応します。それとドラマでは試薬液体が薄い水色に変色反応していましたが実際は濃い青藍色です。薄い水色では、覚せい剤陽性とは言い難いものです。

刑事メモ

覚せい剤ではありませんが、青酸カリの入った飲み物で口から血を吐きながら死ぬという場面がありました。青酸カリなどの青酸化合物は、呼吸器系統の麻痺を起こさせる薬物です。飲んだだけでは、胃や肺などの内臓が傷つくわけではないので吐血はしないのではと思います。

また、クロロホルムを浸み込ませたハンカチを口に当て意識を失わせるのも、クロロホルムは蒸発しやすい薬品ですから無理があると思います。

指名手配

刑事課長が「容疑者を指名手配する！」というセリフがありました。指名手配は、逮捕状の発せられている被疑者を全国の警察に逮捕依頼し、逮捕後身柄の引き渡しを要求するもので、厳しい取り決め制約もあります。逮捕状も出ていない被疑者を指名手配することはできません。

普通、逮捕状が出たら被疑者の心証を得て逮捕するものですが、指名手配は、他署に逮捕を依頼するのですから心証を得て逮捕というわけにはいきません。そのために極端な話、被疑者が完全黙秘でも起訴できるくらい、被疑者に間違いはないというものでなければ指名手配しませんし、できないのです。

例えば盗難自動車が遺留され車内から被疑者の指紋が検出されたとします。その時点で逮捕状は請求でき、「疑うに足りる相当な理由」ということで令状は発付されますが、これで指名手配はできません。被疑者が盗難車両に手を触れたことは証明されますが盗んだという確かな証明にはならないからです。遺留指紋に加えて窃取した目撃があるとか、被疑者に窃取した言動が見られるなどのプラスアルファが必要です。

つまりこの状況で指名手配するには、車を盗んだことに間違いないという証明が必要なのです。

ちなみに、指名手配は原則、非公開となっています。公開手配にするには、さらにハードルが上がります。単に重要被疑者の所在確認などの情報依頼を手配する場合は、「事件手配」といいます。

刑事メモ

指名手配被疑者を発見して近くの交番に任意同行した際、交番にいた勤務員が新人の警察官に「指名手配の扱いは一生のうちであるかないかくらいの貴重な取扱いなのでよく見ておくように」と指導したのを聞いて驚いたことがあります。

ものすごく珍しいというほどではなく、キャリアを積めば、2～30人の指名手配被疑者を捕まえることも可能です。各種照会を丹念にやっていれば結構発見できるものです。

手錠

テレビドラマで逮捕のシーンを見ますと、犯人の腕に手錠を押し当てるようにして手錠をかけていますが、手慣れた捜査員は相手が暴れたり抵抗をしない限り、テレビドラマとは違うかけかたをします。

それは手錠を開き、相手の手首をそこに乗せて上から片輪を重ねるようにしてかけるのです。この方が、確実に手錠をかけたという確認ができて、相手にとっても優しく感じることができるからです。これが被疑者に対する思いやりだと私は先輩に教わりました。ただし、暴れて手に負いがたい時には後ろ手錠もありです。

それともう1つ参考までに。手錠の鍵穴については、被疑者自身が悪戯をしたり開けようと細工しづらくするために内側に向けています。手錠の鍵穴が外側から見えるような手錠のかけ方はしていません。

追い掛け

逃げる犯人を刑事が追い掛け、肩を掴んで引き倒す場面がありました。

警察官は逮捕術を学んでいて、実際には逃げる被疑者に「追い掛け」という技を使うのが基本です。これは、逃げる犯人の上体を両手で左（右）斜め前方に突き倒す方法です。掴んで引き倒すより簡単で、押し倒した後は「後ろ固め」という技で制します。

余談ですが、金庫破りの中国人被疑者を逮捕したことがあります。被疑者が向かってきたので柔道の「体落とし」を仕掛けたら、相手が柔道技を知らないこともあってビックリしたようですが、掛けた私もきれいに決まり驚いたことがありました。

自首

捜査員が被疑者に自首を勧めるシーン。自首は刑法で規定されているもので犯罪事実または犯人の発覚する前に犯人自ら捜査機関に犯罪事実を申告することで刑が減刑または免除される事由になります。

出頭とは、本人が役所、裁判所、警察に出向くことです。警察署に1人で行くことではありませんので、わざわざ1人で警察署に行くことを勧める必要などありません。

自首は司法警察員が受けることになっていますので、巡査部長以上の者が犯罪事実の申告を受ければ済むことです。

被疑者を捜査車両に乗せる

逮捕し、被疑者に手錠をかけ即車両に乗せることはありません。手錠をかけたら、すぐに身体捜検を行います。捜査車両内で手錠をかけた場合も同じで身体捜検だけは必ず実施しています。相手が何を持っているかわからないからです。

ですから捜査員は逮捕と身体捜検は一体のものと思っています。

また、車両に乗せるときは、被疑者を1人だけで後部席に乗せません。後部席に捜査員が被疑者を挟んで乗るか、運転席後部に被疑者を乗せ助手席後部に捜査員が乗る方法をとります。

すでに述べましたが、捜査用車両の運転席後部ドアは内側から開かないようチャイルドロックがされているので、運転席後部席側へ押し付けるように捜査員が座れば、被疑者の抵抗と逃走防止になります。

再逮捕

刑事が「証拠不十分で釈放になりました。ですが捜査本部としては、物的証拠が出なくてもさらにもう1つ状況証拠が加わったらすぐに再逮捕する方針です」とのセリフ。

普通は、同一事件事実での再逮捕はあり得ません（再逮捕再勾留の禁止）。もっとも例外もあり、以下の条件のときには再逮捕が認められます。

1. 逮捕後の引致で被疑者が逃走した場合
2. 身柄拘束の必要がないと釈放したが再三出頭要請に応じず証拠隠滅の恐れがある場合
3. 証拠不十分で釈放し、その後新たな証拠が発見され、かつ、逃亡証拠隠滅の恐れがあり、任意ではその捜査の目的が果たせない場合
4. 通常逮捕すべきところを緊急逮捕した等、逮捕の実質的要件は十分に備わっているが逮捕の種別を誤った場合

《刑事訴訟法203～206、211、216条》

接見

ドラマのワンシーンで、弁護士が逮捕された被疑者に面会し、被疑者の後方には警察官がいる。

身柄を拘束されている被疑者や被告に面会することを「接見」と言います。

一般の接見は、警察官や刑務官の立会いのもとに行われますが、弁護士の接見だけは、刑事訴訟法の規定にもとづき、立会いなしで行われます。《刑事訴訟法第39条》

ですから弁護士との接見に警察官が立会っているのは間違いです。

刑事メモ

逮捕起訴勾留されている窃盗被告人に国選の弁護士が接見に来たあと、看守が被告人に「担当さん、弁護士の言っていることが難しくてさっぱりわからない。この次は一緒に聞いてくれないか?」と聞かれ、看守が驚いたという話を聞いたことがあります。

接見室

留置されている被疑者と面会する場所が接見室ですが、警察署にある接見室はそんなに広くありませんし、面会専用の部屋ですので机も置いてありません。しかも接見室は留置場内に付属しており、被疑者は房を出て接見室に入室するだけですので被疑者には手錠は施されていません。

刑事メモ

留置被疑者に面会したいと受付に申し出てきたグループの中に、逮捕状請求が出された少年がいたことがありました。

翌日逮捕の予定だったのですが、急遽その日に逮捕しました。まさか向こうからやって来るとは思わず、「飛んで火に入る夏の虫」という言葉が頭に浮かびました。

金・土曜日に逮捕されると

普通の曜日に逮捕されるのと、金・土曜日に逮捕されるのとは大きな違いがあります。例えば金曜日（特に夜間）に逮捕されると、取調べは翌日の土曜日（閉庁日）に行われることになります。すると当番員か本来は休みであった捜査員が呼び出され、被疑者の取調べに当たります。

捜査員も人の子です。特に予定があったのに呼び出された場合には、あまり機嫌は良くないでしょう。

それに逮捕された被疑者をその後も担当するとは限らないので軽く基礎的な取調べを行い、取調べは未了として勾留が付くように送致書類を作成することになります。

そして検察庁には翌日（つまり日曜日）に身柄付きで送致されます。検察庁も当番検事（担当検事ではありません）が、簡単に捜査書類や被疑者の犯罪事実などを確認して裁判所に勾留請求を行います。

そうです。土・日曜日の検事調べだと仕方のないことですが、余程のことがない限り勾留請求を行うことに重点が置かれることになります。

ですから、土日に検察庁に送致された場合、９割がた勾留となり、金・土曜日に逮捕されると検察庁で釈放される確率が低くなり10日間の勾留をされる確率が数段高くなるというわけです。

事件送致

○逮捕から送致までの時間

被疑者を逮捕留置して1週間も経過してから事件を送致（送検）するというストーリーがありました。

検察官への被疑者の送致は、被疑者の身柄を確保（逮捕）してから48時間以内に行わなければなりません。そのとき、書類なども一緒に送致します。《刑事訴訟法第２０３条》

そういった時間の制約があるため、逮捕するとき捜査員は、時刻を被疑者にも告げて確認するのです。

もっとも、逮捕後に釈放し、後日書類だけをゆっくり送致することは可能なのですが、身柄を留置したまま何日も経ってから、事件犯人として身柄とともに検察庁に送致することは違法です。

○被疑者死亡事件の送致

立て籠もり被疑者を警察官が射殺した事件で、翌日には検察庁に被疑者死亡で事件送致するというストーリーがありました。

被疑者の死亡により被疑者を逮捕していない事件をすぐに事件送致することはありません。48時間以内に送致する必要はないので、事件内容（見分結果、解剖結果、身上調査、前科照会などの書類）をまとめてから送致します。

特に警察官が被疑者を射殺した事件ならば、事件指揮の責任者も詳しく調べて書類送致しなければいけませんのでなおさらです。

また、その事件指揮の責任者を監察処分するのに3日くらいで決めるのも無理があります。事件関係者の調べは早急に行われますが、あらゆる検討を行なったうえで決裁されますので、最低1ヶ月程度はかかると思います。

第5章

ここが違うよ！取調室・留置場

取調室

警察署には取調室が必ず設けられています。ですが、そうたくさんあるわけではありません。

警視庁や警察本部での取調室は別ですが警察署では大規模署でも十数室で、小さな署では2～3室といったところもあり、朝など捜査員同士で取調室の取り合いが起こることもあります。

ですから警察署で長い廊下に取調室がずらっと並んでいるのは、理想的でしょうが現実にはありません。通常は刑事課のある2～3階に設置されています。

また、取調室のドアに大きなガラスが入っていて「取調室」の字が書かれているのも馴染みません。取調室は事務所ではありませんし、被疑者が暴れることもあるのですからガラスを割られてしまい、受傷事故防止の観点からも間違いです。

取調室のドアには中の様子がわかるように小窓かマジックスコープが付いているだけです。

さらに言うと、取調室内に防犯や交通安全のポスターなど無用なものも貼っていません。被疑者の気が散らないように不必要な物は何も置いていないのです。

刑事メモ

取調べを行う際の捜査員の人数ですが、被疑者の取調べには原則多くて2人です。しかも「1分だけ時間を下さい」と言ってさらに2人が取調室に入るのも間違いです。

1人の捜査対象者に5人の捜査員が取り囲んでは、それが何分間だろうと捜査の任意性が疑われます。

取調室の内側（左）と外側（右）。扉には透視鏡（マジックミラー）が設置されている。（画像引用：『警察白書』平成20年版／警察庁）

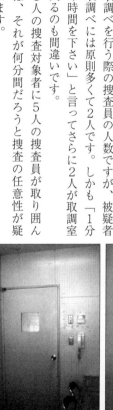

取調室の机

机の上に電気スタンドと灰皿が置いてありました。

本来、取調室の机の上には何もありません。取調室ではタバコも吸えないので灰皿もありません。湯呑みも普通置いていません。

机の上にある物と言ったら調書を作るパソコンと捜査書類くらいです。

それと、最近のドラマではあまり見かけなくなりましたが、取調べの最中にカツ丼を支給することもありません。

刑事メモ

何年も取調べを行なっていると、時々おどろくような人物に出会うこともあります。

ある日の朝、出勤すると当直員が「外国人を捕まえました」と報告してきました。

「国籍は?」と尋ねるとフィリピン国籍とのことで、「フィリピンなら英語が通じるので何とかなるよ。いざとなれば私も英語通訳の指定を受けているので大丈夫だよ」と言いましたが、「実は他にも問題が……」という反応。

取調室を覗くと、胸の膨らんだ男が椅子に座っています。早速、再確認で国籍、氏名、生年月日などを尋ね、最後に性別を聞いたところ、自分の胸を見ながら「マン（男）」と恥ずかしげに答えました。これが当直員の言った頭を悩ます問題……。

男であるが留置場の男性房に入れられないし、まして女性房にも入れることができない。結局、留置人の少ない隣接署に独居で入れてもらう手配をしました。

マジックミラーで取調べの状況を見る

取調室の大きなマジックミラー。マジックミラーはそんなに大きくありません。これは目撃者などに取調べしている者の顔などを確認してもらうために活用するものなので、30×40㎝くらいの小窓です。

それに見ている側の部屋が明るいはずはありません。取調べされている側の部屋が明るく、覗いている部屋を暗くすることによりマジックミラーの効果があるのです。

普通、取調室の声は外部に聞こえないようになっています。ただ、私が勤務した署の中で、室内にモニターマイクを設置している取調室もありました。私の記憶ではそれが活用されたことはありませんが。

刑事課長の席に座ったまま、取調室内の様子が聞こえるようになっていたところもありました。

取調べの最中

○被疑者に手錠をかけて取調べ

手錠をかけたまま取調べを行なっては、取調べの任意性が疑われます。被疑者が暴れているのなら別ですが、手錠をはずしての取調べが原則です。

普通、腰ひもは付けたまま椅子や窓の鉄格子に結び、手錠ははずして被疑者のポケットにでも入れさせて取調べます。

○供述調書への指印

取調べが終わり、供述調書に署名指印をさせるシーンで、供述者が親指で指印していました。

供述調書は裁判に提出される書類で、刑事訴訟法第198条を根拠に署名指印をさせることになっています。このときの指印をどの指でするかは各県バラバラですが、親指で指印というのは見たことがありません。普通は右か左の人差し指で指印しています。

刑事メモ

取調べで供述調書を作成中、被疑者は何もせずにいるので暇なのでしょう。取調官に話し掛けてくるなら、まだ良いのですが、黙っている時は注意が必要です。手錠に悪戯して締め付け過ぎたり、手錠紐をほぐしてボロボロにしたり、逃げることを考えたり……油断も隙もありません。

管理官、捜査主任官による取調べ

管理官や捜査主任官が取調室に入り、被害者や目撃者から直接事情聴取をする。事件を指揮する幹部が直接事件関係者から参考人として取調室で話を聞くことは原則あり得ません。

参考人から直接話を聞くと、思い込みや先入観を植えつけられることもあり、事件判断に影響が出ることにもなりかねません。捜査官に取調べをさせて、その報告を聞いて客観的な目で事件判断、捜査指揮するのが普通です。

取調室に直接入って聞きたい気持ちはありますが、それが捜査であり、何より捜査幹部は部下の実力を信じているのです。

留置場

○留置場内での衣服

留置場内で囚人服を着ているシーンがありました。警察の留置場は拘置所と同じで、刑務所ではありません。まだ有罪か無罪か、それに刑も決まっていないのですから、囚人服ではなく私服で入房しているはずです。衣類がない者には留置場にある衣類を貸与することもありますが古い私服です。

ですから灰色のスウェットで胸に㽞の字が入っている囚人服のような服を、留置人全員がお揃いで着ていることはありません。

○留置場内での取調べ

捜査員が留置場に行き、房の前で被疑者から話を聞いたり取調べたりすることは、現在では留置部門と捜査部門が確実に分離されているのでできません。

被疑者から話を聞くには、取調べの申請用紙（被留置者出入簿）を提出し被疑者を房から出して聞くことになります。ですから取調べの時間もきちんと管理把握されていて中途半端な取調べというのはありません。

刑事メモ

留置人は布団の出し入れや洗面、運動などで何度か房を出るので、留置場内にはもちろん警察官がおり、留置人の行動を監視しています。

留置場の巡視中に思い立って、場内の角に万引き防止にも用いられるカーブミラーを監視用に取り付けてはどうかと言ってみたところ、すんなり許可が下りました。

留置場の設備

留置場の格子の間隔は狭く金網も張ってあるため、房の中から外に手を出し入れすることはできないようになっています。ですから留置房の中の者が房の外にいる警察官のネクタイを掴むことはできません。

また、あるドラマでは房に窓がついていましたが、今は房の後ろ側も通路になっています。房の中に水洗トイレもあります。房の扉も全く違っていますし、錠が南京錠というのもあり得ません。

ちなみに、留置場は冷暖房完備で、食事もカロリーを計算された物が出されています。規則正しい生活が効いたのかアトピーが治ったという留置人もいました。

刑事メモ

留置場内の監視体制で感心したことがあります。朝の留置場巡視で留置人の様子を見た後に、看守台で勤務日誌に押印すると共に、台の上に置いてある赤のボールペンで指示事項を記載しました。

　その後、声を掛けて留置場を出ようとしたところ、「副署長、ボールペンのキャップを知りませんか？」と尋ねられました。自分としてはボールペンのキャップを外した記憶がないので「ボールペンのキャップは付いていなかったが」と言うと、看守は台の下などを捜しながら「副署長の直前に使った者がわかりますので聞いてみます」と言って確認の電話をかけたのです。

　結局、私の前に巡視に来た課長がボールペンを使用した時に持って出てしまったものと判明し、一件落着。

　看守は留置人が変な物を房内に持ち込まないよう、留置場内の備品に細心の注意を払っているようで、大変感心しました。

護送

検事取調べの場に、被疑者がヨットパーカーを着て護送される場面。ヨットパーカーやスウェットを身に着けていることに問題はありませんが、衣類に付いている紐は、自殺防止のために全部外されます。

ですから、護送される被疑者のヨットパーカーに紐が付いていることはあり得ません。

刑事メモ

護送とは、被収容者の身柄を拘束したまま他の場所に送ることです。この護送にもいくつかあり、逮捕した指名手配被疑者を手配署へ引き渡す際の護送、検察庁・裁判所・刑務所（拘置所）への護送、現場確認案内のための護送、病院受診のための護送などがあります。どれも逃走されないように緊張感がいるものです。

その1つ、指名手配被疑者の護送について話しますと、自動車、列車、飛行機などによるものがあります。

自動車の場合は、被疑者1名につき運転手と護送員2名の計3名で、列車や飛行機護送の場合は被疑者1名につき2名の護送員が原則です。

それ以上の護送員を付ける場合（逃走の危険性がある、被疑者が暴れるなど特段の理由の場合）には、護送先の了解を得て護送員を増員することになります。

というのも、護送費用は手配先が出すため、勝手に護送人員を増やすことはできないのです。

自動車護送

自動車による護送で特に面倒なのが高速道路を使用してのものです。特にトイレと食事については、出発前に用を済ませてはいるものの、生理現象なので途中で対応しなければならないときもあります。

用便の訴えがあった場合、できるだけ理由を話しインターチェンジの事務所を使用させてもらうか、サービスエリアを避け人目の少ないパーキングエリアを選んで使用し、被疑者に逃げられないように用便をさせていました。普通一般道路の場合は、最寄りの警察署か交番を活用します。

食事については、弁当などを事前に購入して車内で食事させるのですが、購入が難しい場合には、代表がサービスエリアのレストランに赴いて事情を話し、丼ぶり物やカレーを注文して自動車まで運んでもらい車内で食事をしていました。

なお、現在の護送中の食事はもっと厳しくなっているようです。

列車護送

新幹線で護送をしたことがあります。事前に鉄道警察隊に護送の連絡をしておいて、鉄道警察隊事務所から裏の通路を通りプラットホームに直接出ます。

新幹線が到着すると鉄道警察隊員が車掌に「特別乗車です」と事情を説明します。そうすると、空いている車掌室に入れてもらえたので、目的駅まで誰にも見られず気をつかうこともなく無事に護送を終えました。

時折、普通席に護送員に挟まれた被疑者が緊張した顔つきで座っているのを見かけますが、気苦労が多い業務です。

航空機護送

指名手配被疑者を逮捕して羽田空港から沖縄まで航空機での護送をしたことがありました。こちらも事前に空港警察署に連絡をして、逮捕警察署から空港署まで自動車で送ってもらい、時間になると空港署の自動車で飛行機の直近まで行ってタラップ脇から階段を使い飛行機内に入ります。顔を合わせないよう一般の乗客とは別行動をとり、一般客が搭乗する前に一番奥の後方席に座りました。

逆に飛行機が到着して降りる場合は、乗客が全員降りたあと目立たないように、タラップ脇の階段から下りて迎えの自動車に乗りました。

それ以降、観光などで飛行機を利用した場合、すでに後部席に1人の者を2人が挟んで座り、かつ緊張した顔つきをしていたら「護送だな」と思っています。

検察官

田舎の検察庁内での検事の姿にも気になる場面が。

検察官には正検事と副検事がいます。田舎の地方検察庁（区検察庁等）では、正検事が1名、あとは副検事が数名で事件を担当しています。

正検事は司法試験に合格した本当の検事で、副検事というのは、元検察事務官や元警察官の警部以上の者などで副検事選考試験に合格した者です。検察官のバッジ（秋霜烈日章）の形状は同じですが、正検事は菊の葉の部分が金色ですが、副検事は銀色です。

ですから地方の田舎検察庁で全員が正検事というのは馴染みません。

起訴後の取調べ

事件を黙秘否認し続けて起訴された被告人を、起訴後に起訴事件の事実についてさらに取調べを行っていました。

起訴された後は、原則として起訴事実について取調べを行うことはありません。もっとも事件について新たな事実が判明した場合や被告人が希望し新たな事実を話したいというのであれば別でしょうが、黙秘否認している被告人を起訴事実について自供させようとして取調べることはありません。

公判

裁判で弁護士や検事が、被告人のそばへ行き動き回って熱弁を振るう場面。実際には検事も弁護士も自分の席から動かず、その場で立って話をするだけです。

証拠品の提示にしても裁判所書記官が受け取って被告人に提示した後、裁判官に手渡します。

刑事メモ

看守から聞いた話。勉強のために担当している被告人の公判を見学したところ、被告人は入廷して来た裁判官を見た途端、前回事件の裁判と同じ裁判官だったようで親しげに「ヨウッ」と言って手を挙げたそうです。判決は、さぞ重いものになるかも。

保釈

ドラマの中で、弁護士が逮捕された被疑者に「すぐに保釈を」と言っていましたが、保釈は起訴された被告人について、住居制限や保証金を納付して身柄の拘束を解くものです。逮捕されても起訴されていない被疑者を保釈ということはありません。

また保釈保証金は、身柄を釈放する代わりに公判への出頭を確保するものなので結構金額が高いです。

刑事メモ

保釈の例に次のようなものがあります。

当署に起訴勾留中の窃盗被疑者（被告人）がいました。当の被疑者は、執行猶予中の犯行だったので実刑になることを覚悟しているようでしたが、被疑者の妻は小学生の子どものためにも公判までに保釈で出してやりたいと奮闘していたそうです。

彼女が弁護士に相談すると、着手金が30万円、保釈準備金が１５０万円必要だと言われたとのこと。

後日、正式に保釈申請をしたら、保釈保証金は７００万円と告げられたそうです。この場合は、被疑者が執行猶予中なうえに無職であったことが、相当な額になった要因です。

結局、彼女は保釈は諦めたと後で聞きました。

勾留と拘留

警察ドラマの中で「拘留《こうりゅう》」という言葉が出てきました。これを紛らわしい言葉だと感じている人もいるのではないかと思います。

「こうりゅう」には、「勾留」と「拘留」の2種類があります。読みは同じですが、意味は大きく異なります。

簡単に言いますと「勾留」は、裁判で判決が出て確定するまでの間、被疑者（被告人）が逃走や証拠隠滅をしないように留置場や拘置所に身柄を拘束することです。

一方、「拘留」は刑罰の1つで30日未満の間、刑務所で身柄を拘束することです。

ですから警察で使うのは「勾留」で「拘留」は使いません。ちなみに拘留になる罪には選択刑で公然わいせつ、暴行、侮辱罪、軽犯罪法違反などがあります。

暴行と傷害

こちらも似たような、紛らわしい言葉の1つではないでしょうか。

本によると、「『暴行』は人の身体に有形力の行使を加えること、『傷害』は人の身体に生理的機能を害すること」などと難しいことが書かれていますが、実務的に言えば医師の診断書があれば傷害で、診断書がなければ暴行となります。

この診断書があるかないかの違いだけですが、結果的には、暴行は「2年以下の懲役若しくは30万円以下の罰金又は拘留若しくは科料」となり、傷害は「15年以下の懲役又は50万円以下の罰金」と大きな違いが出てきます。

ですから被害に遭ったらできる限り診断書を取ることです。警察官が現行犯で事件にする場合は、その場で診断ができないので後から医師に診てもらいましょう。

ただ、例えば血が出ていたり骨折したりと、確実に診断書が出ると判断できる事件は傷害として被疑者を現行犯逮捕し、被害者にはすぐに病院で診察を受けてもらいました。

第6章

ここが違うよ！
その他のシーン

敬礼

警察官が室内で挙手の敬礼をするシーン。警察礼式の規定があり、室内で無帽の者は挙手の敬礼は行いません。明らかに間違いです。

室内での敬礼は、受礼者に向かって姿勢を正し、注目した後、体の上部を約15度前に傾け、頭を正しく上体の方向に保って行うものです。

敬礼についての規則には、例えば次のようなものがあります。

・敬礼は至誠の念をもって行うべきであって、粗略に流れ又は形式に堕してはならない
・警察官及びその部隊は、特に定めがある場合のほか、上官に対しては敬礼を行い、上官は、これに答礼し、同級者は、互いに敬礼を行わなければならない
・敬礼を行うときは、通常受礼者の答礼の終わるのを待って旧に復する
・敬礼を受けたときは、何人に対しても、必ず答礼を行わなければならない

刑事メモ

警察官であればいつでもどこでも挙手の敬礼をするイメージがありますが、敬礼を行わない場合もあります。例えば警衛や警護に従事している時には通常、敬礼は行いません。また、護送、交通整理に従事する場合など職務の執行に支障のある時も同じです。

職務の執行上支障のある時というのは、車両運転や警備実施中などの場合です。ですから天皇陛下の警衛に従事している警察官が、御車の通過に向かい敬礼というのはあり得ません。

解錠

泥棒がドアの錠を針金1本で開ける場面。ドラマでも漫画でも見かけることがありますが、いくらいい腕をもっていたとしても、それだけでは解錠できません。

普通、鍵を使わずに錠を開けるのには「ピック」と「テンション」という2種類の器具が必要です。また時には錠の構造により「スピンナー（別称「かま」）」を使うこともありますが、いずれも2本の器具を使わないと開けられません。針金1本で解錠できるとしたら、おそらく南京錠くらいです。

一口に泥棒と言っても、ピッキングを得意とする者、ガラス破りを得意とする者など、そのやり口は様々です。

自動車運転免許証

被害者を確認するのに自動車運転免許証がアップで映されると、免許証の下部にある免許番号に目がいきます。よく見ると免許番号がでたらめなようです。忠実にしすぎると支障が出ることもあると思いますが、目をやらずにはいられません。

免許番号にも色々な意味が隠されているのです。自分の運転免許証を見ながら確認してみてください。

免許番号は12ケタで構成されます。12ケタを「ABCD－EFGH－IJKL」とすると、最初の2ケタ「AB」は初めて運転免許を取得した各都道府県公安員会を意味していて、例えば「22」なら宮城県、「30」なら東京都、「43」なら埼玉県となっています。

次の2ケタ「CD」は、免許を取得した西暦の下2ケタで、1999年取得なら「99」となっています。

その次の「EFGH－IJ」は都道府県ごとの一連番号です。

さらに次の「K」は、チェックデジット番号といい、「EFGH－IJ」の番号が間違っていないかの確認に使われる番号です。

そして最後の番号「L」は、紛失などによる再発行回数を表します。

私は今までに、この最後の番号が「6」というのを見たことがありますが、これだと6回も免許証を失くして再交付を受けたということになります。なお、汚してしまい免許証を新しくした場合には、この番号は変わりません。

ですから、ドラマでの免許番号の最初の2ケタが「35」ということはあり得ませんし、最後の番号が「8」というのは少し苦しい気がします。

監察官

ドラマのラストシーンで、管理官が監察官に異動となり「これからは、警察官の敵となる。なるべく会わないように……」と伝える場面がありました。

そういうイメージがついてしまっているのでしょうが、監察官は警察官の敵ではありません。もっとも、味方でもありません。中立で、敵にも味方にもなるものです。

監察官は監察のため定期的に署を訪れます。私も副署長時代に定期監察を受けましたが、本音を言えば、何度受監しても気分的には小姑を相手にしているようでした。

味方になれば頼もしいですが、相手にするとなればあまり気分の良いものではありませんでした。

副署長

「その男、副署長」というドラマがありました。副署長でありながら、制服を脱ぎ捨て、捜査に出かけて犯人を追うというすごい活躍ぶりでした。

副署長は警察署でナンバー2の位置にあり、署長に次いで署運営や管理に責任を負っています。仕事内容も、書類の決裁、署員の身上把握責任、さらに署広報の責任者にもなっています。

副署長の1日は、朝出勤して留置場の巡視から始まり、朝の幹部会議、署員に対する教養指示、書類決裁、来客者への対応確認、署長行事の調整、合間を見て留置場を含めた各課の巡視、事案が発生すれば広報業務で記者との応対など……。

夕方には当直員に対する指示、そして退庁前に再度留置場の巡視。何もなければそこで業務終了となります。

ですから、周囲の監視をかわし、署外に出て足で稼ぐ捜査は、本当は絶対にできません。署長不在時に署外に出かけることも困難です。どうしても捜査したいなら、就業時間を終えてからになります。

日曜日でも朝夕に署に出勤して、当直の扱い確認や留置場巡視の業務などがありますのでどうしても行動に制限があります。

刑事メモ

ある日の副署長の1日。

『今日も朝から行事がぎっしり。午前中は二輪バイクの安全講習立会い、被疑者事故防止検討会出席、本部交通企画課の巡回指導を交通課長と対応。

午後からは暴力排除推進協議会役員会出席、本部捜査第二課調査官来署挨拶対応、本部少年捜査課の来署対応、検察庁支部長検事の講話を署員と受講、加えて交通違反の身柄事件送致決裁、それにいつもの通常の書類決裁など。

表の駐車場も今日は、来所者で満杯、署員駐車場の方まで駐車をお願いする。……』

印鑑

署長が決裁印として書類に角印を押捺していました。

角印は所属や所属長を表す印ですが、署長が押捺することはなく、普通は次席や副署長が印を預かり、署長の了解を得て角印を押します。

ですから署長は確認了解で自分の丸印を押印するだけです。署長が、所属の角印を持ち書類に一件一件押捺する場面は、どうにも馴染みません。

警察表彰

警察官ＯＢ宅に表彰状が額に入れられて、鴨居に掲げられているシーンがありました。

警察の表彰には、警察官に贈られるものと警察官でない者に贈られる、次の9種があります。

・「警察勲功章」
警察職員として特に抜群の功労があり一般の模範となる者に対して授与する。
・「警察功労章」
警察職員として抜群の功労があり一般の模範となると認められる者に対して授与する。
・「警察功績章」
警察職員として特に顕著な功労があると認められる者の退職に際して授与する。
・「賞詞」
警察官として多大な功労があると認められる者に対して授与する。

・「賞状」
警察職務遂行上顕著な業績があると認められる部署に対して授与する。
・「賞誉」
警察職員として功労があり、若しくは成績が優秀であると認められる者に対して、又は業績が優秀であると認められる部署に対して授与する。
・「賞」
賞誉に次ぐ功労者若しくは業績があると認められる所属の職員又は部署若しくは係等に授与する。
・「警察協力章」
被疑者の逮捕、人命救助など定められた事項について特に顕著な功労があると認められる警察部外の者に対して授与する。
・「感謝状」
警察協力章に定められた事項について、功労が認められる警察部外の者又は団体に対して授与する。

以上9種のうち、警察職員がもらえるのは「警察勲功章」、「警察功労章」、「警察功績章」、「賞詞」、「賞誉」、「賞」、それと他県警察から出された「感謝状」となります。

ちなみに警視総監賞というのは、県警の警察本部長賞と同じです。個人の自宅の額に、「賞状」と書かれてある警察からの表彰があるのはどうも馴染みません。

刑事メモ

２０１３年、サッカー日本代表のW杯出場に沸く渋谷駅前の交通整備を行った警視庁機動隊員が、「ＤＪポリス」として警視総監賞を授与されたというニュースがありました。これは警視総監から表彰で「賞誉」をもらったということになります。

私も約35年間の警察人生において、警察功績章１回、賞詞４本、賞誉12本、所属長等から賞76本を、またその他にも部外団体等から善行賞、他県警察署からの感謝状等をいただくことができました。

婿入り刑事と富豪刑事

婿入り刑事とか富豪刑事のドラマがありました。警察官の中には確かに婿入りした刑事がなぜかたくさんいます。私の知っている限りでも、旅館、菓子問屋、薬局、質屋、土木建築業の一人娘と結婚して婿入りした者が居ました。

ですが、家族に事件の話をした、家族を事件捜査に巻き込んだという話は聞いたことがありません。

富豪刑事については、外車ポルシェで通勤していた署員がいました。しかし、この自動車は自分の車（軽自動車）が修理中で不動産屋をしていた実兄の車を借りたということで一時的に見ただけでした。

市議会議員や会社社長の次男坊、宝くじで大金を当てたという者もいましたが、私の知る限り富豪刑事はいませんでした。もっとも、自ら金持ちと言う者もいないでしょうが。

刑事メモ

警察官は、結婚の時期が重なることが多いようです。

ある日事務所で待機中、班員から6月に結婚を予定しているという報告がありました。確か6月にもう1組あったはずだが、と確認したら6月に合計3組の結婚式の予定が入っていました。

おめでたいことですが、どうしてこんなに集中するのか小隊長に聞いたところ、「3～4月と9～10月は異動期で、その他の月も訓練の入校などもあるので、どうしても6月に集中しますよ」との答えが返ってきました。

あだ名

ドラマの中では、刑事にいろいろなあだ名がつけられています。特に「太陽にほえろ！」では、ボス、殿下、マカロニ、ジーパン、ボン、テキサス、スコッチ、ロッキーなどが出て来たことを思い出します。

でも実際は、山田なら「ヤマさん」、植木なら「ウエさん」、二宮なら「ニノさん」という具合に苗字を略すか、部長刑事なら「チョウさん」、係長なら「ハンチョウ」と呼んでいるのが普通でした。

あだ名以外だと、刑事には別の名が付けられることがあります。

例えば、取調べが得意な刑事を「落としの○○」、聞き込みが上手な捜査員を「地取りの××」、盗品捜査が得意なら「グニ（質屋）の△△」、汚職事件に強ければ「サンズイの××」、面倒見の良い刑事なら「仏の○○」などという具合です。

ただし、これは自分で名乗るのではなく、本人以外の者が憧れや尊敬を込めて呼ぶものです。

ゴンゾウ

ドラマでは、「ゴンゾウ」とは、能力や経験があるのに働かないという風にとらえられていましたが、実際は勤務経験年数だけで能力のない、勤務評定の低い者を指して陰口で言う言葉です。

私も何人か見たことがあります。パソコンを使っての仕事を覚えようとせず人にやらせるばかりの者や、交番勤務で一般の方に横柄な態度をとる者、捜査と称して外出したままずっと連絡がとれない状態の者……。

こういう人は、昔はそれなりに上司や仲間がカバーして何とかやっていたのでしょうが、今では上司、同僚らの目も厳しくて淘汰されているようです。

警察官の前職

多数の資格を持った警察職員のドラマがありました。高校や大学を卒業して警察官になる者が大半ですが、変わった経歴資格を持った警察官もいます。

前職が自衛隊員、消防官、警備員はよくある話ですが、他にも学校教師、保育士、介護士、自動車整備士、役者、奇術師、劇団員、Jリーガー、板前、パチンコ店店員など色々です。

しかし、元暴力団員はいません。

資格特技でも柔道、剣道などの武道有段者のほかに、書道、茶道、華道の師範や囲碁、将棋、珠算などの有段者、英語検定、簿記、コンピュータープログラマーはもとより調理師、測量士、薬剤師、宅地建物取引主任、危険物取扱者、電気工事士、溶接、ボイラー技士、小型船舶操縦士、消防設備士、サッカー公認審判員、刀剣の研ぎ師などと特異な資格者などがいて結構皆さんそれぞれ爪を隠していました。

刑事メモ

いつだったか、二級自動車整備士の資格を持つ者に警察自動車整備工場から異動の誘いがありました。

しかしその男は「整備工場で自動車整備をやるなら、わざわざ警察官になった意味がない」と断り続けて異動に抵抗していた記憶があります。

特命係

テレビドラマで刑事部に特命係、追跡係などの係があったからか、町内会の雑談で「特命係というのはあるのですか?」と聞かれました。私は「あるともないとも言えません」と答えておきました。

特定の事件、事案で専従捜査をする場合に特命となるからです。私も捜査二課の時に、ある議員に関係する汚職容疑事案の情報をうけ、特命で他の業務をせずに、その議員だけの専従捜査を半年間くらいしたことがありました。

また、追跡捜査係という係については、捜査共助課(捜査共助係)が指名手配の追跡捜査を行っているので、あえて係を作ることはないと思います。

階級と役職

捜査対象者追尾中の捜査員を先行捜査員が待ち受け、人の多い駅の改札口で「警部！」と大きな声を掛けることがありますが、駅や雑踏などで「警部」などと階級で声掛けすることは、まずありません。大抵は役職で呼びます。

おおまかにですが、巡査部長は「主任」、警部補は「係長、班長」、警部は「補佐、課長」、警視は「課長、管理官、主任官、調査官」という具合です。

捜査中に「警部！」と呼ぶと周囲に警察官であることが知れてしまいます。

また、別のドラマでは、県警副本部長という役職の者が出ていました。県警のトップは警察本部長ですが、副本部長というのは聞いたことがありません。強いて言うならば警察本部長の次は総務部長もしくは警務部長ではないでしょうか。

警視庁なら警視総監、次が副総監となりますが県警においては異なります。

また検視官の階級が警視正というのにも首をかしげます。検視官の役職は普通、警視となり地方公務員ですが、警視正だと国家公務員となり他の役職と不釣り合いとなってしまいます。

刑事メモ

警察法の第62条には「警察官（長官を除く。）の階級は、警視総監、警視監、警視長、警視正、警視、警部、警部補、巡査部長及び巡査とする」と書かれており、巡査長は階級ではないことがわかります。

巡査長は、「巡査長に関する規則」により決められているもので、実務上おおむね10年以上巡査の階級にある者や、巡査部長の試験に合格してまだ辞令を受けていない者の名誉的な階級であり、正式な階級に入りません。

捜査報告書では、巡査長としてではなく巡査として書くことになりますので、ドラマで捜査報告書に「巡査長○○××」と書いてあるのは間違いで、「司法巡査　○○××」と記載されていなければいけません。

また、巡査部長以上は司法警察員となりますので、「司法警察員　巡査部長」、「司法警察

員　警部補」などと記載します。

ちなみに、警察の階級と役職名や呼び名は以下の通りになります。警察庁、警視庁と県警本部、署では呼び名が少し異なることがあります。

表記は【階級：役職名】の順です。

巡査：係、刑事

←（巡査長）：階級ではなく巡査経験の長い者の士気高揚のために与えられるもの、または巡査部長試験に合格したもので係、刑事

←巡査部長：係（警察庁、警視庁）、主任、分隊長、部長刑事（県警本部、署）

←警部補：主任（警察庁、警視庁）、係長、班長、小隊長（県警本部、署）

←

警部：係長（警察庁、警視庁）、補佐（県警本部）、課長、課長代理、主任官、中隊長（署）
←
警視：課長補佐（警察庁）、課長（警視庁）、課長、センター長、理事官、参事官、管理官、次席、調査官、検視官、室長など（管理官、県警本部）、署長、副署長（署）
←
警視正：室長、理事官（警察庁）、参事官、課長（警視庁）、部長（県警本部）、署長（署）
←
警視長：課長（警察庁）、部長（警視庁）、本部長、部長（県警本部）
←
警視監：次長、局長、審議官（警察庁）、副総監（警視庁）、本部長（県警本部）
←
（警視総監）：警視庁のみ

昇任試験勉強

刑事部屋で執務中に昇任試験の勉強をする捜査員の役を目にしました。

執務時間中に試験勉強をする捜査員を、私は見たことがありません。仕事が忙しくそのような余裕はありませんし、他の同僚から文句も出ます。実際は、皆自宅などで勉強しています。

刑事メモ

巡査部長、警部補、警部の昇任試験は、一次試験（択一試験）、二次試験（筆記と術科試験）、三次試験（面接）があります。

二次試験の論文試験は加点方式なので問題の答えについて知っていることをたくさん書いた方が、それが間違いでない限り良い点数につながります。昔は記憶力がモノを言ったと聞きましたが、現在は実務が中心の問題が出ているらしく、日頃から勤務に精を出し勉強して仕事に精通している者にとっては簡単で、何もしていない者にとっては難関となるようです。

人事異動

警察本部で勤務していた者が定期異動で駐在所勤務になるというストーリー。辞令に本部長名で「駐在所勤務」と記されていましたが、本部長名の辞令は「警察署勤務」の辞令のみであり、「駐在所勤務」の辞令は警察署長から出されます。本部長から直接に署の分掌辞令が出ることはありません。

ほかにも、辞令に「警察本部長　○○××」とありましたが、警察本部長の階級が記されていませんでした。辞令には役職、階級が書かれていなければ意味をなしません。

辞表

刑事が「辞表」と書かれた紙を上司に提出するシーン。警察での「辞表」は、役員などがその責任から外れる場合に使うものと聞いています。

警察では、このような書き方をしません。警察官が辞める時に提出するのは、「退職願い」です。そして、これが認められると辞令で「退職を承認する」となります。

私の友人が県警から警察庁へ異動で出向するとき「希望しないのに退職願いを書けと言われ、書いたら退職を承認されて異動ですよ」とぼやいていたのを思い出します。

警視庁と県警

なぜ、刑事ドラマの場所がいつも警視庁、神奈川県、大阪府、京都府などなのでしょうか？　最近は、北海道、山梨県、長野県、佐賀県が舞台というのもありましたが、岩手、群馬、島根、熊本県が舞台だっていいはずですし、見てみたいものです。

また、警視庁と県警の関係についてですが、警視庁が優秀で県警がそれに劣るという設定もおかしいのではないかと思います。

現に関東管区警察学校や警察大学校での成績上位者は県警が占めています。事件関係でも警視庁で見抜けなかった殺人事件を埼玉県警で見抜いたこともあります。

最終場面

ドラマも大詰めに入り、刑事が断崖絶壁などで、犯人と事件関係者に種明かしや推理を披露する。刑事ドラマにはおなじみのシーンです。

身も蓋もないことをいいますが、そのような悠長なことをやっている場合ではありません。

犯人が特定できたなら身柄を確保して、自殺など証拠隠滅の恐れのある場所からすぐにでも離れさせ、警察署に搬送し警察で逮捕手続をしなければなりません。

【主要参考ドラマ】

【あ】「相棒」、「赤かぶ検事奮戦記」、「悪党～重犯罪捜査班」、「浅草下町通交番　子連れ巡査の捜査日誌」、「浅見光彦シリーズ」、「熱海の捜査官」、「ATARU」、「アナザーフェイス　刑事総務課・大友鉄」、「あぶない刑事」、「Answer～警視庁検証捜査官」、「アンフェア」、「一色京太郎事件ノート」、「イソベン・里村タマミの事件簿」、「愛しの刑事」、「遺留捜査」、「医療捜査官　財前一二三」、「隠蔽捜査」、「嘘の証明　犯罪心理分析官・梶原圭子」、「内田康夫サスペンス　鬼刑事と車椅子の少女～ドクターブライダル」、「内田康夫サスペンス　信濃のコロンボ」、「内田康夫サスペンス・福原警部」、「うぬぼれ刑事」、「裏刑事－URADEKA－」、「永遠の時効」、「駅弁刑事・神保徳之助」、「S－最後の警官－」、「SRO－警視庁広域捜査専任特別調査室」、「ST　警視庁科学特捜班」、「SP－警視庁警護課」、「SP　警視庁警備部警護課第四係」、「越境捜査」、「縁側刑事」、「おかしな刑事」、「おかしな二人」、「奥様は警視総監」、「お天気お姉さん」、「お父さんは二度死ぬ」、「音の犯罪捜査官　響奈津子」、「おとり捜査官・北見志穂」、「踊る大捜査線」、「おばさんデカ　桜乙女の事件帖」、「おばはん刑事！　流石姫子」、「オバベン―京都ふたりの女弁護士」、「おみやさん」、「オリンピックの身代金」、「温泉女将ふたりの事件簿」、「温泉若おかみの殺人推理」、「女かけこみ寺　刑事・大石水穂」、「女教師探偵　西園寺リカの殺人ノート」、「女刑事ふたり」、「女刑事みずき～京都洛西署物語～」、「女検視官・江夏冬子」、「女タクシードライバーの事件日誌」、「女達の罪と罰」、「女取調官」、「女変装捜査官」

【か】「介護ヘルパー紫雨子の事件簿」、「外事警察」、「怪物」、「帰ってきた時効警察」、「鍵のかかった部屋」、「確証～警視庁捜査3課」、「火災調査官・紅蓮次郎」、「科捜研の女」、「家庭欄記者・鍋嶋六郎」、「上条麗子の事件推理」、「火曜サスペンス劇場　取調室」、「ガリレオ」、「監察医・篠宮葉月　死体は語る」、「監察官・羽生宗一」、「鑑識特捜班・九条礼子」、「ガンリキ　警部補・鬼島弥一」、「鬼女」、「偽証法廷」、「北アルプス山岳救助隊・紫門一鬼」、「逆転報道の女」、「強行犯係・魚住久江～ドルチェ」、「京都祇園入り婿刑事事件簿」、「京都地検の女」、「京都の芸者弁護士事件簿」、「京都南署鑑識ファイル」、「京都迷宮案内」、「嫌われ監察官　音無一六～警察内部調査の鬼」、「緊急取調室」、「車椅子の弁護士水島威」、「黒い報告書」、「クロコーチ」、「黒の滑走路」、「警官の血」、「刑事」、「刑事・鬼貫八郎」、「刑事クマさん」、「刑事の現場」、「刑事シュート　しゅうと&ムコの事件日誌」、「刑事の証明」、「刑事魂」、「刑事定年」、「刑事のまなざし」、「刑事110キロ」、「刑事吉永誠一　涙の事件簿」、「刑事調査官　玉坂みやこ」、「刑事ガサ姫～特命・家宅捜索班」、「警視庁鑑識課～南原幹司の鑑定～」、「警視庁機動捜査隊216」、「警視庁再犯防止課　真崎英嗣」、「警視庁南平班―七人の刑事」、「警視庁電話指導官～深川真理子の事件簿」、「警視庁特捜刑事の妻」、「警視庁黒豆コンビ」、「警視庁心理捜査官・明日香」、「警視庁捜査一課9係」、「警部補　矢部謙三」、「外科医零子」、「警察庁特別広域捜査官　宮之原警部」、「警視庁捜査一課長～ヒラから成り上がった最強の刑事！」、「検事・霞夕子」、「刑事の妻〝デカツマ〟」、「警視・深町征爾」、「検察官沢木穂乃歌」、「警視庁三係　吉敷竹史シリーズ」、「警部補・佐々木丈太郎」、「警視庁女性捜査班」、「ケイゾク」、「血痕　警科研・湯川愛子の鑑定ファイル」、「警視庁総務部縁結び課　桜井はなの事件ファイル」、「検察官キソガワ」、「検事・朝日奈耀子」、「警察科学捜査研究所・文書鑑定の女」、「検事　沢木正夫」、「警視庁ブランド刑事」、「激流～私を憶えていますか？～」、「トクボウ　警察庁特殊防犯課」、「外科医　鳩村周五郎」、「交渉人～THE　NEGOTIATOR～」、「広域警察」、「ゴンゾウ～伝説の刑事」、「CONTROL～犯罪心理捜査～」、「こちら本池上署」、「交通特別捜査係警部補・結城あかね」、

「更生人　土門恭介の再犯ファイル」

【さ】「さすらい刑事旅情編」、「さすらい署長　風間昭平」、「財務捜査官　雨宮瑠璃子」、「作家・小日向鋭介の推理日記」、「再捜査刑事・片岡悠介」、「淋しい狩人」、「裁判長っ！おなか空きました！」、「最後の晩餐～刑事・遠野一行と七人の容疑者～」、「ショカツの女　新宿西署・刑事課強行犯係」、「新参者」、「早乙女千春の添乗報告書」、「事件シリーズ」、「七人の刑事」、「指紋捜査官・塚原宇平の神業」、「新・警視庁女性捜査班」、「新宿警察」、「終着駅シリーズ」、「所轄刑事」、「保険調査員しがらみ太郎の事件簿」、「ショカツ」、「信州あづみ野の名刑事　道原伝吉の捜査行」、「新米事件記者・三咲」、「贖罪」、「信濃のコロンボ」、「人類学者・岬久美子の殺人鑑定」、「事件」、「実験刑事トトリ」、「時効警察」、「ショカツの女」、「司法教官　穂高美子」、「新聞記者・鶴巻吾郎」、「ジョシデカ！　―女子刑事―」、「事件救命医～ＩＭＡＴの奇跡～」、「事件救命医2～ＩＭＡＴの奇跡～」、「女医・倉石祥子」、「自治会長・糸井緋芽子社宅の事件簿」、「主任刑務官シリーズ　刑務官一条信一消えた模範囚」、「ジウ　警視庁特殊犯捜査係」、「女子アナ刑事　華麗なる財宝殺人」、「守護神・ボディーガード　進藤輝」、「屍活師～女王の法医学～」、「ＳＰＥＣ～警視庁公

安部公安第五課　未詳事件特別対策係事件簿～」、「ストロベリーナイト」、「水上署の源さん」、「スペシャリスト」、「スチュワーデス刑事」、「潜入探偵トカゲ」、「制服捜査」、「世田谷駐在刑事」、「戦力外捜査官」、「正義の証明」、「西部警察」、「絶対零度～未解決事件特命捜査～」、「捜査検事　近松茂道」、「捜査地図の女」、「葬儀屋松子の事件簿」、「その男、副署長」、「捜査指揮官　水城さや」、「捜査一課見当たり班　鷹子の眼」

【た】「太陽にほえろ！」、「ダブルフェイス」、「ダブルス～二人の刑事」、「タクシードライバーの推理日誌」、「ダーティ・ママ！」、「ダブルスコア」、「逮捕しちゃうぞ」、「多摩南署たたき上げ刑事　近松丙吉」、「探偵　左文字進」、「沈黙の法廷・赤と黒」、「地方記者立花陽介」、「駐在刑事」、「ＴＥＡＭ～警視庁特別犯罪捜査本部」、「血の轍」、「釣り刑事」、「つぐない」、「ツインズ～早乙女兄弟の推理日誌」、「追跡～失踪人捜査官・石森新次郎」、「天才刑事　野呂盆六」、「刑事部屋～六本木おかしな捜査班～」、「刑事貴族」、「刑事夫婦」、「刑事長～デカチョウ」、「デカ黒川鈴木」、「デカワンコ」、「鉄道警察官　清村公三郎」、「ＴＡＫＥ　ＦＩＶＥ～俺たちは愛を盗めるか～」、「伝説の監察医　オニグマの事件簿」、「ドクvsデカ」、「特別機動捜査隊」、「都市伝説の女」、「捜査検事　近松茂道」、「ＴＲＩＣＫ」、「取調室」、「年の差カップル刑事」、「ドクター小石の事件カルテ」、「特捜最前線」、「Ｄｒ．門倉周平の事件カルテ」、「トラベルライター青木亜木子」、「特命！　落としの鬼　刑事・澤千夏」、「特捜最前線２０１３～７頭の警察犬」、「特命おばさん検事！　花村絢乃の事件ファイル」、「Ｄｒ．検事モロハシ」、「堂場瞬一サスペンス執着～捜査一課・澤村慶司２」

【な】「謎解きはディナーのあとで」、「西村京太郎サスペンス鉄道捜査官」、「西村京太郎トラベルミステリー（十津川警部シリーズ）」、「西村京太郎サスペンス　冤罪」、「野良犬」

【は】「ハンチョウ～警視庁安積班～」、「はぐれ刑事純情派」、「はみだし刑事情熱系」、「８５３～刑事・加茂伸之介」、「半落ち」、「犯罪交渉人ゆり子」、「はみだし弁護士・巽志郎」、「ハードナッツ！　～数学ｇｉｒｌの恋する事件簿」、「ＨＡＭＵ―公安警察の男―」、「灰色の虹」、「パートタイム裁判官」、「犯罪心理学教授・兼坂守の捜査ファイル」、「ビギナーズ！」、「陽はまた昇る」、「１００の資格を持つ女～ふたりのバツイチ殺人捜査～」、「ビート」「ビター・ブラッド」、「ひみつな奥さん」、「美人三姉妹の推理旅行」、「古畑任三郎」、「富豪刑事」、「部長刑事」、「ブランド刑事」、「福家警部補の挨拶」、「プラチナデータ」、「弁

護士　猪狩文助」、「弁護士高見沢響子」、「弁天祐美子法律事務所」、「弁護士・森江春策の事件」、「変装婦警の殺人事件簿」、「ボディーガード」、「BOSS」、「法医　歯科学の女」、「北海道警察　笑う警官」、「北海道警察　巡査の休日」、「北海道警事件ファイル　警部補・五条聖子」、「法医学教室の事件ファイル」、「裁判員制度ドラマ　家族～あなたに死刑が宣告できますか？」、「ホンボシ～心理特捜事件簿～」、「ホステス探偵危機一髪」、「ホゴカン　熱血保護司・村雨晃司の事件簿」、「傍聴マニア09～裁判長！　ここは懲役4年でどうすか～」、「ホワイト・ラボ～警視庁特別科学捜査班」、「BORDER」

【ま】「魔性の群像　刑事・森崎慎平」、「真夜中の警視」、「マトリの女　厚生労働省麻薬取締官」、「万引きGメン・二階堂雪」、「松本清張スペシャル」「緑川警部シリーズ」、「三ツ鐘署シリーズ」、「アドベンチャー探偵の事件簿」、「港古志郎警視」、「棟居刑事シリーズ」、「牟田刑事官事件ファイル」、「無敵のおばさん小早川千冬・正義の事件簿」、「ムコ入り刑事高山家・明の事件ファイル」、「めしばな刑事タチバナ」、「メイド刑事」、「名探偵キャサリン」、「森村誠一の終着駅シリーズ」、「モリのアサガオ」、「森村誠一サスペンス　破婚の条件」、「MOZU　Season1～百舌の叫ぶ夜～」

【や】「山村美沙サスペンス　赤い霊柩車」、「山村美沙サスペンス　狩矢警部シリーズ」、「山村美紗サスペンス　京都グルメ旅行殺人事件」、「山村美紗サスペンス　京都鞍馬山荘殺人事件」、「山村美紗サスペンス　山岳刑事《ヤマデカ》　推理作家 池加代子」、「夜盗」、「ヤメ検の女」、「ヤメ判新堂謙介　殺しの事件簿」、「ヤバい検事　矢場健」、「湯けむりドクター華岡万里子の温泉事件簿」、「横山秀夫サスペンス」、「刑事吉永誠一　涙の事件簿」、「夜の終る時」、「世直し公務員　ザ・公証人」、「萬屋長兵衛の隅田川事件ファイル」、「夜桜お七殺人事件～二つの顔を持つ女～」

【ら】「ララバイ刑事」、「臨場」、「旅行作家　茶屋次郎」、「臨床心理士」、「リバース～警視庁捜査一課チームZ」、「離婚妻探偵」、「立証～離婚弁護士 香月佳美」、「レディ・ジョーカー」、「リーガル・ハイ」、「ＬＡＤＹ～最後の犯罪プロファイル～」、「レアケース　生活保護課の殺人事件簿」

【わ】「私は代行屋！　事件推理請負人」、「私の嫌いな探偵」

橘 哲雄の著書

ふしぎな 110 番

警察本部の通信指令課に「本当に」寄せられた 110 番通報

日々、無数にかかってくる 110 番通報の中には、思わず耳を疑ってしまうような「ちょっとふしぎな」110 番通報がある。元警察本部通信指令課長の日記の中から、インパクトの強いものを紹介。

「悪いお兄ちゃんがいます。ブランコを独り占めにして、順番を待っても乗せてくれません」(女の子からの入電)

「主人が会社の書類を家に忘れて出勤しました。会社まで緊急で届けてください」(慌てた声の女性からの入電)

読了後、警察のことが少し違って見えてくる!?

ISBN978-4-88392-865-1　4-6 判　952 円+税　彩図社刊

橘 哲雄の著書

ふしぎな取調室

警察の取調べで容疑者が「本当に」口にした信じられない供述

元警察官が実際に取調べで耳にした「信じられない供述」の数々。

「盗んだけど、4畳半の部屋ではテレビが大きすぎて見づらかった」と言うテレビ窃盗犯。

「また写真を撮るんですか？　化粧もしていないし、撮りたくないな」と、とぼけたことを言う万引き常習の女性。

「ヤクザが窃盗では皆に笑われる。傷害か何かに変えてもらえないですか？」と困り顔で言う暴力団員などなど。

思わず、耳を疑う供述が、今日も取調室で行われている！


ISBN978-4-88392-911-5　4-6判　952円＋税　彩図社刊

〈著者プロフィール〉
橘 哲雄（たちばな・てつお）
昭和24年生まれ。昭和50年に県警察巡査(署外勤、強行盗犯係等)となり、巡査部長（署外勤・知能犯主任、警察本部捜査第二課特捜主任)、警部補（署盗犯係長、警察本部刑事総務課捜査共助係長)、警部（署刑事課長、機動捜査隊隊長補佐、警察本部捜査第三課補佐等)、警視（署刑事課長、通信指令課調査官、署副署長、警察本部次席等）を経て、平成21年に退職した。
著書に「ふしぎな110番」「ふしぎな取調室」（彩図社）がある。

元刑事が教える
ここが違うよ！　刑事ドラマ

平成27年2月23日第一刷

著　者　橘　哲雄
イラスト　梅脇かおり
発行人　山田有司
発行所　株式会社　彩図社《さいずしゃ》

〒170-0005　東京都豊島区南大塚3-24-4 MTビル
TEL:03-5985-8213
FAX:03-5985-8224

印刷所　新灯印刷株式会社

URL：http://www.saiz.co.jp
http://saiz.co.jp/k（携帯）→

 ISBN978-4-8013-0051-4 C0136